Hinweise zu den digitalen Zusätzen

Auf alle digitalen Zusätze können Sie online über die Plattform MyStark zugreifen. Ih¬ren persönlichen Zugangscode finden Sie auf der Umschlaginnenseite (vorne im Buch).

PDF der Original-Prüfungsaufgaben 2023

Um Ihnen die Prüfung 2023 schnellstmöglich zur Verfügung stellen zu können, bringen wir sie in digitaler Form heraus.

Sobald die **Original-Prüfungsaufgaben 2023** zur Veröffentlichung freigegeben sind, können sie als PDF auf der **Plattform MyStark** heruntergeladen werden.

Interaktives Training

Im **Online-Training „Basic Language Skills“** erhalten Sie Zugriff auf zahlreiche **interaktive Aufgaben** zu Grundlagen wie **Hörverstehen**, **Leseverstehen** und **Sprachverwendung im Kontext**. Dies sind ganz wichtige „Basics“, die Sie für eine gute Sprachbeherrschung brauchen.

Das interaktive Training bietet Ihnen:

- „**Listening**“ – authentische Hörtexte mit vielfältigen Aufgaben, die Ihr Hörverstehen testen
- „**Reading**“ – abwechslungsreiche Lesetexte und dazugehörige Aufgaben
- „**English in Use**“ mit gemischten Aufgaben rund um den Gebrauch der englischen Sprache
- Alle Aufgaben sind interaktiv, d. h., Sie können sie direkt am PC oder Tablet bearbeiten und erhalten sofort eine Rückmeldung zu Ihren Antworten.

Web-App „MindCards"

Mit der Web-App „**MindCards**" können Sie am Smartphone Vokabeln lernen. Auf diesen interaktiven Karteikarten finden Sie hilfreiche Wendungen, die Sie beim Schreiben von Texten oder im mündlichen Sprachgebrauch einsetzen können.
Scannen Sie einfach die QR-Codes oder verwenden Sie folgende Links, um zu den „MindCards" zu gelangen:
https://www.stark-verlag.de/mindcards/writing-2
https://www.stark-verlag.de/mindcards/speaking-2

Writing

Speaking

Kurzgrammatik

Mit der Kurzgrammatik können Sie sich eine knappe und verständliche Übersicht über die wichtigsten Themenfelder der englischen Grammatik herunterladen. Schlagen Sie hier die Grammatikregeln zu Fehlern nach, die Sie noch häufig machen.

2024

FOS · BOS 13

Abitur-Prüfungsaufgaben
mit Lösungen

Bayern

Englisch

STARK

© 2023 Stark Verlag GmbH
25. ergänzte Auflage
www.stark-verlag.de

Inhaltsverzeichnis

Vorwort
Hinweise zu den digitalen Zusätzen

Hinweise und Tipps

Vorbereitung auf die Prüfung I
Aufbau der Prüfung I
Zeitmanagement II
Reading II
Mediation Deutsch–Englisch IV
Material Based Writing IV
Mündliche Gruppenprüfung VI
Useful Phrases VII

Übungsaufgaben

Material Based Writing
Übungsaufgabe 1: *Young Generation* 1
Übungsaufgabe 2: *Income Gap* 5
Übungsaufgabe 3: *Digitalisation in School* 9
Übungsaufgabe 4: *Service Year* 13

Mediation
Übungsaufgabe 1: Plastikmüll 17
Übungsaufgabe 2: Tempolimit 20
Übungsaufgabe 3: Energiewende 23
Übungsaufgabe 4: Genomchirurgie 26

Mündliche Gruppenprüfung
Übungsaufgabe 1: *Immigration to Europe* 29
Übungsaufgabe 2: *After Leaving School* 33

Original-Abiturprüfungen

Abiturprüfung 2017
Aufgabenteil: *Reading* 2017- 1
Aufgabenteil: *Writing* 2017-11
Lösungsvorschläge 2017-13

Abiturprüfung 2018
Aufgabenteil: *Reading* 2018- 1
Aufgabenteil: *Writing* 2018-12
Lösungsvorschläge 2018-14

Abiturprüfung 2019
Aufgabenteil: *Reading* 2019- 1
Aufgabenteil: *Writing* 2019-11
Lösungsvorschläge 2019-13

Abiturprüfung 2020
Aufgabenteil: *Reading* 2020- 1
Aufgabenteil: *Writing* 2020-10
Lösungsvorschläge 2020-15

Abiturprüfung 2021
Aufgabenteil: *Reading* 2021- 1
Aufgabenteil: *Writing* 2021-11
Lösungsvorschläge 2021-16

Abiturprüfung 2022
Aufgabenteil: *Reading* 2022- 1
Aufgabenteil: *Writing* 2022-12
Lösungsvorschläge 2022-18

Abiturprüfung 2023 .... **www.stark-verlag.de/mystark**

Sobald die Original-Prüfungsaufgaben 2023 freigegeben sind, können sie als PDF auf der Platt¬form MyStark heruntergeladen werden (Zugangscode vgl. Umschlaginnenseite).

Vorwort

Liebe Schülerinnen und Schüler,

dieses Buch hilft Ihnen dabei, sich zielgerichtet auf die **Abiturprüfung** im Fach Englisch an den Beruflichen Oberschulen in Bayern vorzubereiten.

In einem **umfangreichen Hinweisteil** erhalten Sie Informationen darüber, wie die Prüfung genau abläuft, welche Aufgabenstellungen vorkommen können und welche Hilfsmittel Sie benutzen dürfen. Besonders hilfreich sind die **Hinweise zur Bearbeitung der Aufgabe im Bereich *material based writing***.

Anhand der **Original-Prüfungsaufgaben** der letzten Jahre können Sie gezielt für das Abitur trainieren. Da der Prüfungsteil *reading* auch nach Einführung des neuen Lehrplans nahezu gleich geblieben ist, eignen sich die Prüfungsaufgaben der Jahre 2017–2019 weiterhin hervorragend zum Üben.

Zum **Prüfungsformat** *material based writing* und zu den Sprachmittlungsaufgaben enthält der Band jeweils vier Übungsaufgaben. Auch für die Vorbereitung auf die **mündliche Gruppenprüfung** erhalten Sie Übungsmaterial.

Zu allen Aufgaben gibt es **ausführliche Bearbeitungshinweise, Lösungsansätze** und **Mustertexte**. Sie können Ihre eigenen Lösungen damit überprüfen und korrigieren.

Zusätzlich zu den Aufgaben in diesem Buch haben Sie die Möglichkeit, sprachliche **Grundlagen** anhand **interaktiver Aufgaben** zu üben. Zudem können Sie mithilfe der **Web-App** „MindCards" hilfreiche **sprachliche Wendungen** wiederholen. Im digitalen Bereich finden Sie eine englische **Kurzgrammatik**. Sie können auf alle digi¬talen Zu¬sätze online über die Plattform **MyStark** zugreifen. Auf der Umschlaginnenseite finden Sie Ihren persönlichen Zugangscode.

Ich wünsche Ihnen viel Freude bei der Arbeit mit diesem Buch und viel Erfolg in der Abiturprüfung. Vertrauen Sie auf Ihre Fähigkeiten – dazu haben Sie guten Grund vor allem dann, wenn Sie sich vorbereitet haben.

Peter Warlimont

Autoren
Kurzgrammatik (digital): Redaktion
Hinweise und Tipps, Übungsaufgaben, Lösungen zu den Prüfungsaufgaben:
Peter Warlimont

Sollten nach Erscheinen dieses Bandes noch **wichtige Änderungen** in der Prüfung 2024 vom bayerischen Kultusministerium bekannt gegeben werden, finden Sie aktuelle Informationen dazu auf der Plattform **MyStark**.

HINWEISE UND TIPPS

Hinweise und Tipps

Vorbereitung auf die Prüfung

- Arbeiten Sie im Laufe des Schuljahres kontinuierlich und aktiv mit.
- Beginnen Sie frühzeitig mit der Vorbereitung auf die Prüfung.
- Erweitern Sie kontinuierlich Ihren Wortschatz. Eine gute Wortschatzbasis gibt Ihnen Sicherheit beim Verstehen und Schreiben von Texten.
- Schauen Sie Filme und Serien auf Englisch, mit oder ohne Untertitel, nutzen Sie die Angebote englischsprachiger TV-Sender und Webseiten. Mit der Zeit werden Sie merken, wie viel besser Sie Englisch verstehen.
- Haben Sie keine Angst vor Fehlern, Sie lernen daraus.
- Der Bereich *material based writing* lässt sich leichter bewältigen, wenn Sie sich auf hilfreichen Wortschatz stützen können, die sogenannten *useful phrases*.
- Beziehen Sie Ihre Englischlehrerin oder Ihren Englischlehrer in Ihre Übungsaktivitäten ein. Lassen Sie Hausaufgaben und Übungen korrigieren. Lehrer*innen freut es in der Regel, wenn ihre Schüler*innen sich anstrengen, und Sie werden von der Rückmeldung profitieren.

Aufbau der Prüfung

- Die Abiturprüfung besteht aus einem schriftlichen und einem mündlichen Teil.
- Die schriftliche Prüfung umfasst die Bereiche *reading* (24 Punkte) und *writing* (36 Punkte) mit jeweils 90 Minuten Bearbeitungszeit. Zwischen den Prüfungsteilen gibt es eine 30-minütige Pause.
  - Die *reading*-Aufgabenformate sind Multiple Choice, Mediation Englisch-Deutsch, *multiple matching*, *short answer questions* und *gapped summary*. Sie beziehen sich üblicherweise auf 2–3 Texte mit einer Gesamtwortzahl von ca. 2 700 Wörtern. Mindestens einer der Texte ist ein literarischer Prosatext.

- Der *writing*-Teil besteht aus der Mediationsaufgabe Deutsch-Englisch und einem *material based writing* (MBW), bei dem Ihnen zwei Themenstellungen zur Auswahl angeboten werden. Ihre Mediationslösung umfasst ca. 150 Wörter, Ihre MBW-Lösung muss mindestens 300 Wörter umfassen.

- In der mündlichen Prüfung werden 4 bis 6 Schüler*innen in einer Gruppe geprüft. Als Prüfungszeit in der Gruppe sind pro Schüler*in 5 Minuten anzusetzen. Die Vorbereitungszeit beträgt 20 Minuten.

Zeitmanagement

- Ein durchdachtes Zeitmanagement ist für die Bewältigung der Prüfung von enormer Bedeutung.
- Der Umfang der zu bearbeitenden Texte, die Anzahl der *Reading*-Aufgaben und der Umfang der Texte, die Sie verfassen, lässt es nicht zu, dass Sie trödeln oder träumen.
- Notieren Sie sich beim Üben, wie lange Sie für einzelne Aufgabenformate brauchen.
- Erstellen Sie sich anhand Ihrer Erfahrungen beim Üben zur Orientierung einen Zeitplan für die Prüfung.
- Weichen Sie während der Prüfung nicht ohne Not von diesem Plan ab.
- Beginnen Sie nach Möglichkeit mit der Aufgabenstellung, die die meisten Punkte einbringt.

Reading

- Lesen Sie den ganzen Text ruhig und konzentriert.
- Schlagen Sie zunächst keine unbekannten Wörter nach – tun Sie das erst, wenn Sie merken, dass ein unbekanntes Wort für die Bearbeitung einer Aufgabe wichtig ist.

Multiple Choice

- Bei den meisten Multiple-Choice-Aufgaben müssen Sie die für die Lösung relevante Textpassage selbst finden, manche Aufgaben verweisen aber mit einer Zeilenangabe direkt auf die relevante Textstelle.
- Die Multiple-Choice-Aufgaben sind fast immer chronologisch nach den dazugehörigen Textstellen geordnet.
- Lesen Sie immer konzentriert alle angebotenen Antwortmöglichkeiten – auch dann, wenn Ihnen eine gleich ins Auge springt.
- Die Aufgabenstellung lautet immer: „Mark the <u>most suitable</u> option“. Manchmal gibt es zwei oder mehr plausible Antworten, die sehr ähnlich klingen. Machen Sie

sich die genaue Bedeutung jeder Option bewusst, denn schon geringe Bedeutungsunterschiede können zum Ausschluss einer Option führen. Vergleichen Sie jede Option nochmal genau mit der Fragestellung und wählen Sie dann diejenige Option aus, die am treffendsten, also „most suitable“, ist.

Multiple Matching

- Die Umgebung der Textlücken verrät oft etwas über den passenden Satz, den Sie zuordnen sollen. Wörter aus dem Satz finden sich unter Umständen in der näheren oder weiteren Umgebung.
- Wörtliche Rede, einzelne Personen oder markante Ereignisse sind oft hilfreich bei der Zuordnung.
- Prüfen Sie, ob der gewählte Antwortsatz im Kontext Sinn ergibt und sich logisch zwischen den vorausgehenden und den nachfolgenden Satz im Text einfügt.

Mediation Englisch – Deutsch

- Die Formulierungen der Aufgaben beziehen sich oft auf Formulierungen im Text. Das kann Ihnen helfen, die relevante Textstelle zu finden.
- Versuchen Sie, die relevanten Textinhalte genau zu erfassen und dann auch genau auf Deutsch zu formulieren.
- Oft wiederholen die Formulierungen der Aufgaben Formulierungen aus dem Text. Das kann Ihnen helfen, die relevante Textstelle schneller zu finden.
- Die Bewertung orientiert sich vor allem an der inhaltlichen Richtigkeit und Vollständigkeit. Sie müssen aber auch auf angemessenes Deutsch achten.

Short Answer Questions

- Bei diesem Aufgabentyp müssen Sie Fragen zum Inhalt oder zur Sprache des Textes beantworten oder eine Tabelle/Mindmap o. Ä. mit den passenden Informationen ergänzen.
- Sie können die Antworten wörtlich aus dem Text übernehmen oder eine eigenständige Formulierung wählen.
- Rechtschreibfehler führen nur dann zu einem Punktabzug, wenn dadurch der Sinn Ihrer Antwort nicht mehr erkennbar ist.

Gapped Summary

- Zwischen den Formulierungen rund um die Lücken im *Gapped Summary* und den relevanten Textstellen im Originaltext finden sich häufig Parallelen. Suchen Sie nach Synonymen und Umschreibungen.

Mediation Deutsch–Englisch

- In einer Handlungssituation erhalten Sie bei diesem Aufgabentyp den Auftrag, ein bis zwei deutschen Texten Informationen zu inhaltlichen Aspekten, die Ihnen mit der Aufgabenstellung vorgegeben werden, zu entnehmen.
- Diese Informationen sollen Sie in einem logisch zusammenhängenden Text auf Englisch präsentieren. Es kann auch verlangt sein, diesen Text durch eine kurze persönliche Stellungnahme zu ergänzen.
- Die Bewertung erfolgt nach den Kriterien: Inhaltliche Korrektheit, Vollständigkeit und Verknüpfung – Sprachliche Qualität (Wortschatz, Grammatik, Idiomatik)
- Bilden Sie aus den übertragenen Textstellen einen zusammenhängenden Text und reihen Sie nicht nur die Fakten lose aneinander.

Material Based Writing

- In einer Handlungssituation werden Sie mit einer Problemstellung konfrontiert und erhalten dazu drei Materialien (z. B. Statistik, Foto, Zitat, Cartoon, Auszug aus einem Text, Lied oder Blog, kurzes Gedicht, Twitter-Nachricht etc.).
- Diese Problemstellung sollen Sie in einem inhaltlich, argumentativ und sprachlich zusammenhängenden Text unter geeigneter Berücksichtigung aller drei Materialien bearbeiten.
- Die Materialien sollen im Rahmen der Einleitung, des Hauptteils oder des Schlusses sinnvoll eingebunden werden, ohne auf all ihre Einzelheiten einzugehen (keine direkten Zitate!). In den Lösungsvorschlägen zu den Übungsaufgaben ist am Rand vermerkt, wo das Material inhaltlich eingebunden wurde. Dies wird in der Prüfung nicht von Ihnen erwartet.
- Unter Umständen ist auch einmal die Quelle eines Materials von Bedeutung. Hinterfragen Sie diese daher kritisch, etwa auf ihre Zuverlässigkeit.
- Die in diesem Buch enthaltenen Original-Prüfungen bis einschließlich 2019 folgen noch einem anderen Muster. Sie eignen sich dennoch zum Üben des Schreibens von *compositions*. In der Prüfung entspricht die Aufgabenstellung dem *material based writing*, das Sie anhand der Übungsaufgaben in diesem Buch einüben können.

Bewertung

Die Bewertung Ihrer Arbeit erfolgt nach folgenden Kriterien:

- Inhalt: Erfassung der Aufgabenstellung, Entwicklung und Qualität der Gedanken, Verwendung des Materials, Themabezug, Geschlossenheit der Darstellung
- Verständlichkeit der sprachlichen Ausgestaltung: Wortschatz, Grammatik, Rechtschreibung

- Natürlichkeit der sprachlichen Ausgestaltung: Ausdrucksvermögen, Idiomatik, Satzstrukturen, Herstellung von Zusammenhängen

Wahl eines Themas

- Lesen Sie konzentriert jede angebotene Themenstellung.
- Analysieren Sie die einzelnen Themen und machen Sie sich klar, was jeweils von Ihnen verlangt wird.
- Machen Sie sich bewusst, wie viel Sie zu dem jeweiligen Thema wissen und welche Aspekte Ihnen auf Anhieb einfallen.
- Legen Sie sich nicht voreilig fest, sondern treffen Sie eine bewusste Entscheidung.

Aufbau, Inhalt und Schreiben

- Der Aufbau ist klassisch: Einleitung – Hauptteil – Schluss.
- Achten Sie darauf, dass Sie die Themenstellung richtig und vollständig erfassen. „Discuss" bedeutet etwa, dass Sie sich mit Pro **und** Kontra auseinandersetzen müssen.
- Sammeln Sie relevante Ideen auf einem Konzeptpapier, strukturieren Sie diese Gedanken und fangen Sie erst dann an zu schreiben.
- Setzen Sie sich sprachliche Ziele, die Sie erreichen können. Schreiben Sie im Zweifel lieber einfach und verständlich. Lange, verschachtelte Sätze sind im Englischen eher unnatürlich.
- Verwenden Sie Ausdrücke aus der Liste der *useful phrases* und geeignetes Fachvokabular.
- Schreiben Sie sachlich.
- Gliedern Sie Ihren Text in Absätze entsprechend der einzelnen Sinnabschnitte.

Checkliste

Erstellen Sie in der Vorbereitung auf die Prüfung eine Liste Ihrer häufigsten Fehler und überprüfen Sie Ihren Text nach dem Schreiben auf diese Fehler. So könnte Ihre Liste aussehen:

- Satzstellung Subjekt – Verb – Objekt
- Plural oder Singular?
- 3. Person Singular-s
- unregelmäßige Verben
- *who* für Personen, *which* für Sachen
- *this* oder *these*, *that* oder *those*
- kein *will/would* im *if*-Satz

Mündliche Gruppenprüfung

- In der mündlichen Gruppenprüfung werden 4 bis 6 Schüler*innen in einer Gruppe geprüft. Als Prüfungszeit in der Gruppe sind pro Schüler*in 5 Minuten anzusetzen.
- In der Vorbereitungszeit (20 Minuten) erhält jede Schülerin und jeder Schüler ein Aufgabenblatt und eventuell auch Material. Aus den Arbeitsanweisungen ergeben sich die individuelle Aufgabe des Prüflings und die Aufgabe der Gruppe.
- Die Aufgabenstellungen orientieren sich an den Themengebieten des Lehrplans.
- In der Regel stellen die Mitglieder der Gruppe zu Beginn der Prüfung in einem Statement ihre Position vor (höchstens 1 Minute), diskutieren dann ihre Positionen, Argumente, Ideen, Vorschläge usw. und kommen im Rahmen der Aufgabenstellung schließlich zu einem Ergebnis.
- Setzen Sie sich aktiv mit dem auseinander, was Ihre Mitprüflinge einbringen. Seien Sie kritisch, auch selbstkritisch. Geben Sie nicht vorschnell nach, beharren Sie aber auch nicht starrköpfig auf Ihren Vorstellungen.
- Beteiligen Sie sich am Gespräch.

Eine Vielzahl von hilfreichen Wendungen zum Bereich „Speaking" enthalten übrigens unsere MindCards, auf die Sie u. a. über nebenstehenden QR-Code Zugriff haben.

■ starting off/getting into the stuff

In view of …	– *Angesichts*
When it comes to …	– *Wenn es um … geht*
According to …	– *laut, nach Angaben von*
As we know from …	– *Wie wir aus … wissen*
Many years ago …	– *Vor vielen Jahren*

■ listing/grouping/linking

first(ly)/second(ly)/…	– *erstens/zweitens/…*
finally	– *schließlich*
in addition (to that)	– *zusätzlich, außerdem*
additionally	– *zusätzlich, außerdem*
moreover	– *außerdem, darüber hinaus*
furthermore	– *weiterhin, außerdem*
what is more …	– *dazu kommt …*
provided that	– *vorausgesetzt, dass …*
however	– *jedoch, aber*
in other words	– *mit anderen Worten*
yet	– *allerdings, jedoch*
consequently	– *folglich*
as a result	– *folglich*
for this reason	– *daher, aus diesem Grund*
That's why	– *daher, deshalb*
therefore	– *deshalb*
on the one hand/on the other hand	– *einerseits/andererseits*

■ conclusion

Considering all this …	– *Betrachtet man all dies …*
Taking all this into account …	– *Wenn man all dies berücksichtigt …*
To cut a long story short …	– *Um es kurz zu sagen …*
To sum it up …	– *Zusammengefasst …*
On the whole …	– *Insgesamt …*

■ discussing a topic

as far as … is concerned – *was … betrifft*
unlike – *im Gegensatz zu*
in contrast to – *im Gegensatz zu*
contrary to – *im Gegensatz zu*
in spite of/despite – *trotz*
obviously – *offensichtlich*
apparently/seemingly – *anscheinend*
on the one hand/on the other hand – *einerseits/andererseits*
whereas – *während, wohingegen*
instead of – *anstatt*
nevertheless – *nichtsdestoweniger, dennoch, trotzdem*
however – *jedoch, aber*
although – *obwohl*
in particular – *insbesondere*
above all – *vor allem*
This does not go for … – *Das gilt nicht für …*
to a certain extent/degree – *bis zu einem gewissen Grad*
in the short/long run – *auf kurze/lange Sicht*
The same goes for … – *Dasselbe gilt für …*
actually – *eigentlich, im Grunde*
to take into account – *berücksichtigen*
to take into consideration – *in Betracht ziehen*
to think sth over – *etw. überdenken*
to make a difference – *unterscheiden*
to examine – *untersuchen*
to doubt – *bezweifeln*
doubt – *Zweifel*
to question – *in Frage stellen*
to suggest/to propose – *vorschlagen*
suggestion/proposal – *Vorschlag*
to prove – *beweisen*
proof – *Beweis*
to disprove – *widerlegen*

to contradict – *widersprechen*
contradiction – *Widerspruch*
to conclude – *schlussfolgern*
conclusion – *Schlussfolgerung*
to consider – *bedenken, überlegen*
opinions are divided as to … – *die Meinungen bzgl. … gehen auseinander*

■ problem and solution

A problem can be:

serious – *ernst*
complicated – *kompliziert*
difficult – *schwierig*
easy – *einfach*
pressing – *drängend*
delicate – *delikat*
insurmountable – *unüberwindlich*
a major problem – *ein größeres Problem*
a minor problem – *ein kleineres Problem*

What can you do with a problem:

to discuss – *diskutieren*
to outline – *umreißen*
to face – *konfrontiert sein mit, sich gegenübersehen*
to deal with – *sich befassen mit*
to tackle – *anpacken, angehen*
to get to the heart of – *zum Kern vorstoßen*
to avoid – *vermeiden*
to ignore – *ignorieren*
to cope with – *fertig werden mit*
to cause – *verursachen*
to raise – *aufwerfen*
to settle – *beilegen*
to solve – *lösen*

A solution can be:

complicated – *kompliziert*
difficult – *schwierig*
easy – *einfach*
quick – *schnell*
satisfactory – *befriedigend*
unsatisfactory – *unbefriedigend*
convincing – *überzeugend*
ideal – *ideal*
neat – *sauber*
practicable – *praktikabel*
useful – *nützlich*
helpful – *hilfreich*
possible – *möglich*
lasting – *dauerhaft*

What you can do with a solution:

to work out – *ausarbeiten*
to go over again – *überarbeiten*
to reject – *zurückweisen*
to suggest/to propose – *vorschlagen*
dispute – *Disput, Streit*
controversy – *Kontroverse*
controversial – *strittig*
debatable – *umstritten, fraglich*
compromise – *Kompromiss*

Viele weitere hilfreiche Wendungen zum Bereich „Writing“ enthalten übrigens unsere MindCards, auf die Sie u. a. über nebenstehenden QR-Code Zugriff haben.

ÜBUNGSAUFGABEN

Berufliche Oberschulen Bayern ▪ Englisch 13. Klasse
Übungsaufgabe 1 *(Material Based Writing): Young Generation*

You come across the website of an American blogger who often complains about the ungrateful young generation, which, in her view, is in fact a gilded generation. She asks her readers for their opinion on the topic.

Nobody likes being told they live a carefree, easy-going life – young people included. Her constant complaint inspires you to write an article for her blog in which you discuss her claim that "Young people have never had it so good".

Write at least 300 words and use the material provided.

Material I **Lebenserwartung**

Lebenserwartung bei Geburt für die Geburtsjahrgänge 1871 bis 2016 in Deutschland in Jahren

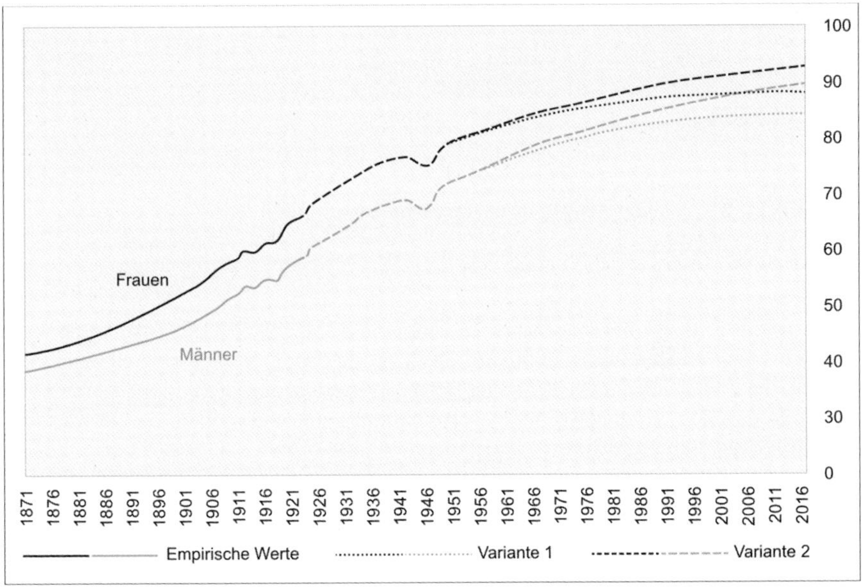

https://www.destatis.de/DE/Themen/Gesellschaft-Umwelt/Bevoelkerung/Sterbefaelle-Lebenserwartung/Publikationen/Downloads-Sterbefaelle/KohortensterbetafelnBericht 5126206179004.pdf? __blob=publicationFile&v=4 | S. 17

Material 2 My children will be an endangered species

Barcroft Media/getty images

Material 3 Young people have never had it so good

Young people today are the unhappiest they've ever been, according to the Prince's Trust.

The trust's UK Youth Index measures the happiness and confidence of 16- to 25-year-olds. This year's results show another drop in young people's sense of wellbeing, taking it to the lowest level since the study began almost a decade ago. It claims three out of five young people regularly feel stressed about work and money, one in four feel 'hopeless', and half have experienced a mental-health problem. […] A YouGov report in 2015 found that six out of 10 students feel their levels of stress interfere with their day-to-day lives. *(103 words)*

Emily Dinsmore, https://www.spiked-online.com/2018/04/11/young-people-have-never-had-it-so-good/, 11th April 2018

Lösungsvorschlag

TIPP

Unabhängig davon, ob Sie einen Blogeintrag, eine Mail oder einen kleinen Essay verfassen sollen, sind Sie an die Bewertungskriterien zu inhaltlicher und sprachlicher Qualität gebunden.

Ihr Text muss also im Aufbau der **Struktur Hinführung – Hauptteil – Schluss** folgen und sich um sprachliche Qualität bemühen.

Wenn die Aufgabenstellung von Ihnen verlangt, die Thematik zu diskutieren („Discuss"), müssen Sie sich mit Pro und Kontra auseinandersetzen.

Ob Sie in der vorliegenden Aufgabenstellung in Ihrem Fazit der Bloggerin zustimmen, dass junge Menschen es heute so gut haben wie keine Generation zuvor, oder ob Sie ihre These ablehnen, bleibt Ihnen überlassen. Ihre Haltung muss begründet und nachvollziehbar sein.

Eine besondere Herausforderung liegt für Sie darin, wie Sie das **vorhandene Material** in Ihre Lösung einarbeiten. Dabei sollen Sie die Texte und Bildquellen ausdrücklich nicht zitieren, nacherzählen oder detailliert beschreiben. Die Materialien dienen Ihnen **als gedankliche Anstöße** zur Findung von Ideen und Argumenten oder zur Einbeziehung von relevanten Informationen.

Jede Materialquelle muss in Ihrer Lösung vorkommen, ob im Rahmen der Hinführung, des Hauptteils und des Schlusses.

Folgender Aufbau ist möglich:

(1) **Hinführung** zum Thema:
Vergleich der Perspektive zwischen Jung und Alt

(2) Gedanken zum **Hauptteil**:
Möglichkeiten:
- Materielle Verhältnisse, Möglichkeiten der Mobilität und des Konsums
- Lebenserwartung
- individuelle Freiheit und Entfaltung wie keine Generation zuvor

Probleme und Herausforderungen:
- Konfrontation mit existenziellen Herausforderungen wie Klimawandel
- Leistungsdruck durch neue Job- und Medienwelt
- Demokratie und Freiheit gefährdet durch antidemokratischen Populismus

(3) Abrundung des Textes mit **Fazit**, **persönlicher Einschätzung**, **Ausblick** o. Ä.: hilfreich, andere Perspektive einzunehmen

A matter of perspective

Titel

Einleitung: Hinführung zum Thema

While the young tend to see what is troublesome in their lives, the old tend to see what they didn't have when they were young. They feel the young have far more opportunities and better living conditions than they did in the past. Have the young really never had it so good?

Möglichkeiten jüngerer Generationen

Young people nowadays DO have opportunities they may not even be aware of.

No young generation as a whole has ever had more material possessions than this one. They have enough pocket money, go on vacations to remote places, and own expensive state-of-the-art electronic devices.

Material 1

With a life expectancy of around 80 years, people born today may become older than any generation before, and enjoy what is possibly the best healthcare system ever.

The young enjoy political freedom and individual self-fulfilment to an unprecedented extent. They have a say in the way they dress, the school they attend, and the trade they want to learn. They experience a lot more respect and a lot less violence than previous generations. And they grow up in relative peace and democracy.

Probleme und Herausforderungen

Material 2

On the other hand, it is a fact that today's young generation are faced with huge environmental threats that literally endanger their existence. Because the majority of politicians, corporate leaders and voters refuse to take effective climate action and to live up to their responsibilities, the world is rather likely to become a place afflicted by heatwaves, floods, severe droughts and crop failures. Millions of climate refugees will need to be catered for. And in recent years it has become more and more obvious that the continuous loss of biodiversity is threatening our vital natural resources.

Another tough challenge the young are faced with is psychological distress. There are high expectations to excel at school, to have a successful career and to perform on social media platforms. There seems to be more competition than ever for attractive jobs, excellent grades and "likes" on Instagram, the digital currency that gains you social recognition. High expectations often result in pressure which affects a person's health and quality of life.

Last but not least, Brexit and the rise of populist movements in numerous European countries suggest that a society based on stable democratic values can no longer be taken for granted.

Material 3

Alarmingly large numbers of juveniles have mental-health problems or express they are not happy at all with the stress levels in their lives. This has to be taken seriously.

Schluss: Fazit

But we should also see the great opportunities for today's youth, of course. A different perspective might help us gain a little peace of mind. *(437 words)*

A local initiative intends to launch a website on the dark sides of capitalism.

You have volunteered to contribute a text on income inequality. Its title is "The income gap between rich and poor: Inevitable or intolerable?"

Write at least 300 words and use the material provided.

Material 1 #FatCatFriday

David Lammy
@David Lammy

Happy #FatCatFriday. The day of the year that an average FTSE 100 chief executive will have earned more than the typical yearly salary of a British worker. Yes it's only the 4th of January. This level of inequality is gross and obscene. bbc.co.uk/new/business-…

♡ 3.958 9:09 AM – Jan 4, 2019

https://twitter.com/DavidLammy/

Material 2 4 200 Euro täglich sind absurd

Im Januar 2019 wurde bekannt, dass Dieter Zetsche, noch amtierender Vorstandsvorsitzender der Daimler AG, künftig eine Rente von 4 200 Euro pro Tag erhalten wird. Derart hohe Manager-Renten sorgen für Zündstoff in Deutschland.

Dieter Zetsche bemühte sich stets, Daimler zur Nummer eins der deutschen Premium-Autohersteller zu machen. Dass ihm das gelang, trägt zu seiner Wertschätzung bei. Diese leidet nun zurecht, seit klar ist, dass der 65-Jährige wohl selbst zu einer Nummer eins wird: Er erhält höhere Ruhestandsbezüge als mutmaßlich jeder andere deutsche Firmenchef vor ihm.

Die Empörung darüber ist groß. […] Zetsche soll bis zu 4 200 Euro am Tag erhalten, fast hundert Mal so viel wie ein Durchschnittsverdiener, der ebenso lang arbeitete. […] Daher verstärkt die Zetsche-Rente den Eindruck hart arbeitender Normalverdiener, dass es im Kapitalismus ungerecht zugeht. *(94 Wörter)*

Alexander Hagelüken: Schafft diese riesigen Ruhegehälter ab!
https://www.sueddeutsche.de/wirtschaft/manager-rente-ruhegehaelter-1.4307789, 30.01.2019

Anmerkung:

Z. 1 Dieter Zetsche war bis Mai 2019 Vorstandsvorsitzender der Daimler AG. Anschließend wechselte er in den Aufsichtsrat der TUI AG.

Material 3 Average income per household

Figure 1: Gross income by quintile groups of all households
UK, financial year ending 2017

Average income per household (£ per year)

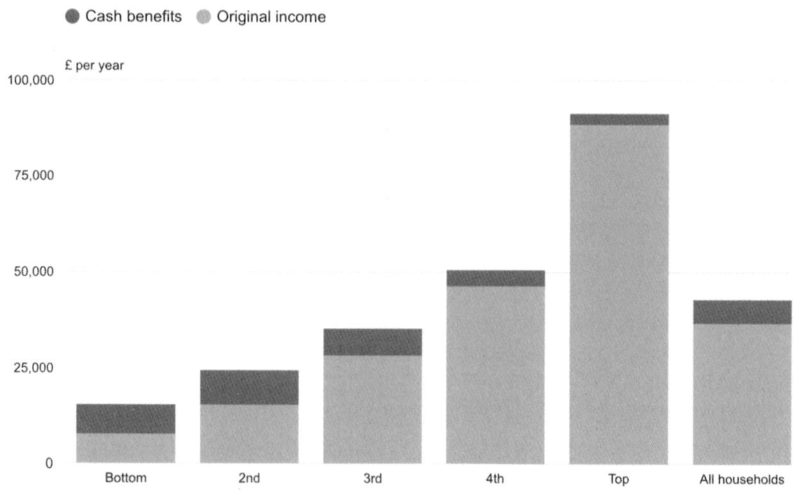

Source: Office for National Statistics

https://www.ons.gov.uk/peoplepopulationandcommunity/personalandhouseholdfinances/incomeandwealth/articles/theeffectsoftaxesandbenefitsonhouseholdincome/technicalreport#original-income

Annotations:

Current exchange rate (as of December 2017) £1 = 1.13 €

Gross income = original income (from employment, self-employment, pensions etc.) plus state-funded benefits

Lösungsvorschlag

TIPP

Betrachten Sie vor der Bearbeitung zunächst den **Kontext**.

Im vorliegenden Fall legt Ihnen der Kontext eine bestimmte Perspektive nahe: Die Organisation, für die Sie schreiben, wendet sich ausdrücklich gegen die negativen Auswirkungen des Kapitalismus. Daher spricht vieles dafür, dass Ihre Argumentation dem Konzept Kapitalismus letztlich kritisch gegenübersteht.

In der Aufgabe ist Ihnen ein weiterer Aspekt vorgegeben: Der **Titel Ihres Artikels** ist bereits formuliert. Für die Strukturierung Ihrer Lösung bedeutet dies, dass Sie in jedem Fall die Schlagworte „inevitable" und „intolerable" berücksichtigen müssen. Sie müssen also auf Einkommensunterschiede eingehen, die sich nicht vermeiden lassen, und sich mit solchen befassen, die nicht zu akzeptieren sind.

Möglicher Aufbau:

(1) **Hinführung** zum Thema:
Unterschiede im Einkommen im Vereinigten Königreich in Zahlen

(2) Gedanken zum **Hauptteil**:
„Inevitable":
- Unterschiedliche Leistung, Verantwortung, Anstrengung = unterschiedliche Entlohnung
- Führende und herausgehobene Positionen in Wirtschaft, Unterhaltung etc. mit Anspruch auf überdurchschnittliche Bezahlung

„Intolerable":
- Extreme Gehaltsunterschiede spiegeln nicht Leistungsunterschiede wider, fehlende Kontrolle
- Resultat: völlig unterschiedliche Lebenschancen, Vertrauen in Gerechtigkeit erschüttert, Anfälligkeit für politische Extreme von links und rechts

(3) Abrundung des Textes mit **Fazit**, **persönlicher Einschätzung**:
- Arbeitnehmer brauchen Menschen, die bereit sind, Führung, Verantwortung und Anstrengung auf sich zu nehmen
- Führungskräfte brauchen Menschen, die bereit sind, die normale Arbeit zu machen

The income gap between rich and poor: Inevitable or intolerable?

Titel (bereits vorgegeben)

Einleitung: Hinführung zum Thema

Material 3

According to data from the Office for National Statistics, 80 percent of UK households have to get by on a maximum of £50,000 per year on average, while 20 percent dispose of an average of over £90,000 per year. This is a wide gap and a society has to deal with the question of whether this gap has to be accepted because it is inevitable or whether this gap has to be narrowed because it is intolerable.

Unterschiede, die unvermeidbar sind

Material 2

For a start, it is natural for differences in commitment, performance and responsibility to make a difference with regard to pay.
Dieter Zetsche, former CEO of Daimler, probably worked 70 to 80 hours a week and was responsible for the long-term success of a corporation that employs tens of thousands of people and gives work to the tens of thousands more working for its suppliers.
Similarly, famous sportspeople and popstars lead a life in the public eye and their work is required to live up to high standards.
So those who fill leading and prominent positions in the economy, politics, or the cultural and entertainment sectors certainly deserve pay which is clearly above average.

Unterschiede, die nicht tolerierbar sind

Material 2

However, does this justify a CEO such as Zetsche receiving a pension that earns him €4,200 per day; an amount which is higher than what many ordinary working people earn in a month and which is a hundred times greater than the pension of the average worker?

Material 1

Is it morally right that in three days, British top managers earn what wage and salary earners get in a year?
These extreme pay gaps do not mirror the difference in actual performance, but mirror a lack of control and a self-serving mentality where people grab as much as they can.
This cannot be tolerated because these pay gaps lead to a rift in society. "Equal opportunities" may be just a dream, but this degree of social inequality means that opportunities in life are so different that working-class people start to feel neglected and disadvantaged. As a result, a growing number of people feel drawn to left- and right-wing extreme.

Schluss: Fazit

Society and the economy need people who are willing to lead, and try hard and take on responsibility. At the same time, the leaders need people who do the ordinary jobs. The pay gap must reflect this mutual dependence. If it is too big, it becomes intolerable.

(406 words)

Berufliche Oberschulen Bayern ▪ Englisch 13. Klasse
Übungsaufgabe 3 *(Material Based Writing): Digitalisation in School*

Your school magazine is planning to issue a special edition on digitalisation in various fields of life. Every edition contains one article in English. Your contribution will be an article on “The opportunities and risks of digitalisation in school”.

Write at least 300 words and use the material provided.

Material 1 **Anforderungen zur Digitalisierung**

Quelle: GEW-Studie „Gebäudequalität von Bildungseinrichtungen“ https://www.gew.de/aktuelles/detailseite/neuigkeiten/wie-digital-sind-deutschlands-schulen/?FE_SESSION_KEY=bd18ca012b70a78806ab3e8c7f6df134-03885773cd84a03c6e04d197acd0866b, 24. 09. 2018

Material 2 **Computers ‘do not improve’ pupil results, says OECD**

Investing heavily in school computers and classroom technology does not improve pupils’ performance, says a global study from the OECD.

The think tank says frequent use of computers in schools is more likely to be associated with lower results. […] The OECD’s education director Andreas Schleicher says school technology had raised “too many false hopes […] If you look at the best-performing education systems, such as those in East Asia, they’ve been very cautious about using technology in their classrooms. Those students who use tablets and computers very often tend to do worse than those who use them moderately.” […]

(97 words)

https://www.bbc.com/news/business-34174796 | Sept 15, 2015

Material 3 **Nicht so schlecht**

© *Teddy Tietz/www.teddytietz.de*

Lösungsvorschlag

TIPP

Die Aufgabenstellung macht Ihnen Vorgaben: Sie müssen sich sowohl mit den Möglichkeiten als auch mit den Risiken von Digitalisierung beschäftigen.

Sie können dabei frei entscheiden, ob Sie im Fazit Ihres Artikels Digitalisierung befürworten, kritisieren oder einen ausgewogenen Standpunkt einnehmen.

Möglicher Aufbau:

(1) **Hinführung** zum Thema:
Digitale Endgeräte als fester Bestandteil der außerschulischen Lebenswelt; sollten auch fester Bestandteil in Unterricht und Hausaufgaben sein

(2) Gedanken zum **Hauptteil**:
„Opportunities“:
- Lernsoftware als Hilfe zu besserem Verstehen, mögliche Individualisierung des Lernprozesses
- Schneller Zugriff auf mediale Inhalte, Recherche in Echtzeit und mit Originalmaterial, kein Veralten des Unterrichtsmaterials, breites globales Materialangebot: Text, Bild, Video
- Weitreichende Möglichkeiten der Zusammenarbeit, des Austauschs, der Projektarbeit etc.
- Einübung eines kritisch-bewussten Umgangs mit digitalen Geräten und Programmangeboten

„Risks“:
- Fehlen fachlich geprüfter digital-basierter Unterrichtsmaterialien
- Blindes Vertrauen auf Überlegenheit digitalen Unterrichts, drohende Vernachlässigung der Pädagogik, der fachlichen und pädagogischen Fähigkeiten der Lehrkräfte
- Vernachlässigung bewährter klassischer Grundfertigkeiten: Lesen und konzentrierte Auswertung längerer Texte, Handschrift etc.
- Ablenkung, Minderung der Konzentrationsfähigkeit
- Zum Teil große innere Widerstände bei Lehrkräften / Nutzlose Investition, wenn Lehrkräfte nicht eingebunden und qualifiziert werden

(3) Abrundung des Textes mit **Fazit**, **persönlicher Einschätzung**, **Ausblick**:
- Nützliche Lernunterstützung
- Keine übertriebenen Hoffnungen, keine Wunderdinge erwarten

The opportunities and risks of digitalisation in school

Titel (vorgegeben)

Digital devices have become an essential part of extra-curricular day-to-day life, so it would seem completely logical that they should become an integral part of education, too. But what exactly are the opportunities and risks that come with the digitalisation of schools?

Einleitung: Hinführung zum Thema

The strongest advantage might be that education using digital devices can be beneficial to learning. It enables kids to learn individually at their own pace with sets of tailored tasks and assignments and immediate response regarding whether they have succeeded or need further practice. **Möglichkeiten**

Additionally, it provides the technological basis for online research and project-oriented work and offers quick and easy access to a wide range of up-to-date material of all kinds (texts, pics, videos) from all over the world.

Last but not least, experience with digital devices in the classroom can help digital natives to use the internet responsibly, safely and wisely.

Despite all these promising aspects, however, the potential risks must also be taken into account. **Risiken** Material 1

So far there are hardly any tested digital teaching materials that reliably lead to positive results. More importantly: a digital teaching environment transforms teachers into coaches, but do children and teenagers really want coaches? Experience tells us that children develop best when interacting with humans who can inspire them, who challenge them, who have profound knowledge, who they can look up to or who they can fight with. This is what teachers are able to do and offer, not coaches. Pedagogy first, digital technology second.

Apart from that, many parents and educators complain that kids spend far too much time on their devices. Is it wise to extend this overuse, knowing that this may lead to distraction and a loss of concentration?

Finally, heavy investment in digital classroom technology will be rather useless if teachers maintain their widespread reserve, dislike or even aversion regarding digital devices in the classroom. Teachers and their expertise must be involved in the development of digital teaching material and learning processes, and they must be qualified. Material 1 und 3

So what is the bottom line? The investment in digitalisation provides useful learning aids, but we should not expect miracles. Digital learning can be fun, but it does not replace talent, commitment and interest. Experience from East Asia suggests, after all, that the high achievers in education do not overdo digitalisation and highly value traditional virtues and learning practices. *(398 words)* **Schluss:** Fazit Material 2

In 2011, Germany suspended universal conscription. For 55 years it had been compulsory for young German males to either serve in the Bundeswehr or to perform alternative community service after leaving school.

Recently there have been calls for the introduction of a 12-month period of compulsory national service for both males and females. It should include a wide range of possible activities which are considered a public benefit: military service, service in social institutions or nature conservation or working for the fire brigade, the rescue services, disaster relief or charities etc.

You discuss these calls in a blog entry.

Write at least 300 words and use the material provided.

Annotation:

universal conscription: *allgemeine Wehrpflicht*

Material 1 Politbarometer

Einführung einer einjährigen Dienstpflicht für junge Menschen bei der Bundeswehr oder im sozialen Bereich?

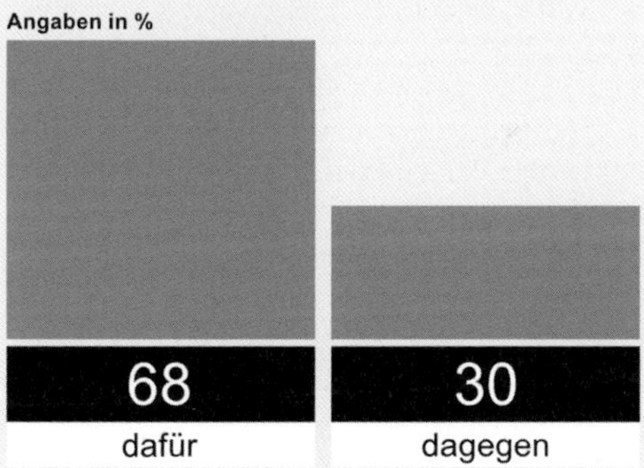

https://www.zdf.de/nachrichten/heute-in-deutschland/zustimmung-fuer-allgemeine-dienstpflicht-102.html | Politbarometer vom 10. 8. 2018

Material 2 Germany mulls year of national service for young people

The compulsory 'service year' would see young people join the military or the fire service, or help with disaster relief. Others would choose to volunteer as care workers, thereby helping address chronic staff shortages in care homes and hospices. [...]

Ursula von der Leyen, the German defence minister, has categorically rejected the idea that military service would return in its previous form – mostly because the army is not equipped to deal with the number of fresh recruits.

The German military currently gets enough volunteer foot soldiers but is lacking specialised soldiers willing to invest in a long-term career with the armed forces.

Still, the idea of a compulsory 'service year' has a long way to go. It is possible it would require a change to Germany's constitution, which forbids all forms of forced labour.

(133 words)

Josie Le Blond: Germany mulls year of national service for young people and migrants, https://www.theguardian.com/world/2018/aug/26/germanys-cdu-floats-return-of-one-year-compulsory-national-service, 26.08.2018, Copyright Guardian News & Media Ltd 2019

Material 3 „Pflichtdienst – was Schüler denken"

Im sicherheitspolitischen Magazin loyal, *herausgegeben vom Verband der Reservisten der Deutschen Bundeswehr, diskutierten sieben Gymnasiasten aus dem hessischen Korbach über einen Pflichtdienst für junge Männer und Frauen.*

Vanessa Herzen (17):
„Ich finde den Zwang nicht gut. Es stellt sich auch die Frage: Was ist denn mit den Leuten, die sich komplett querstellen, die sagen: Ich mache dann einfach gar nichts? Müssen die dann bestraft werden?"

Kamil Cuppok (18):
„Für einen Pflichtdienst würde sprechen, dass er den gesellschaftlichen Zusammenhalt stärken würde. Und dass man [...] Menschen näher zusammenbringt. Ich finde die Idee eigentlich ganz interessant, wobei ich mir unsicher wäre, wo ich das dann machen würde. Also ob ich zum Beispiel geeignet bin, Menschen mit Behinderung zu helfen."

(117 Wörter)

Loyal: Magazin für Sicherheitspolitik #5 2019, S. 27/28

Lösungsvorschlag

TIPP

Die Aufgabenstellung enthält die Formulierung „you discuss", Sie müssen sich also mit **Pro und Kontra** einer allgemeinen Dienstpflicht auseinandersetzen.

Ob Sie in Ihrem Fazit eine solche Dienstpflicht befürworten, ablehnen oder eine unentschiedene Haltung einnehmen, ist Ihnen überlassen.

Aufbau:

(1) **Hinführung** zum Thema:
Vorschlag „Pflichtjahr" im August 2018

(2) Gedanken zum **Hauptteil**:
Vorteile:
- Linderung des Personalmangels in vielen Bereichen des öffentlichen Lebens
- Von Staat/Gesellschaft nicht nur nehmen, sondern auch etwas geben
- Persönlichkeitsentwicklung und Erfahrungen

Nachteile:
- Ein „verlorenes" Jahr
- Billige Ersatzkräfte statt qualifiziertem Personal
- Kein Zwangsdienst in einer freien Gesellschaft

(3) Abrundung des Textes mit **Fazit**, **persönlicher Einschätzung**, **Ausblick** o. Ä.: *hier:* weitere Debatten notwendig, Zwang kritisch zu betrachten

More than two-thirds support year of national service

Titel

Einleitung: Hinführung zum Thema
Material 1

In August 2018, leading CDU representatives suggested introducing a compulsory year of national service for young people, both male and female, in Germany. With more than two-thirds of the German public supporting the idea, it met with widespread approval. However, what does a closer look at the benefits and drawbacks tell us?

Vorteile
Material 2

In many institutions of public life in Germany there is a serious shortage of staff. The military, day nurseries, care homes, hospitals, nature conservation projects or voluntary fire brigade and water rescue teams need skilled and unskilled personnel to be able to carry out their duties. We as individuals benefit hugely from what these institutions do and young people also draw great benefit from what society offers them: educational opportunities, social security, democracy and freedom. So, in a spirit of solidarity, it is not too much to ask to expect young people to make their contribution to society, too.

Apart from that, a 12-month service year gives a young man or woman the chance to find out more about themselves, to try things out, to develop, to gain experience beyond their horizons and to learn to give and take.

Nachteile

Nevertheless, some young people may think that a compulsory year is a year "lost" because they have different plans. They may also feel exploited as cheap substitutes for a qualified workforce, especially in the field of welfare and social institutions.

The most convincing counterargument, however, seems to be that compulsion and the ideals of a free society do not go together unless there is a real need to force people to do something, as is the case with compulsory school attendance or the need to have a driving licence if you want to drive a car. The services mentioned above have always worked with qualified professional staff, so why force young amateurs to contribute?

Material 3

Moreover, even if there is a broad consensus in society with regard to a service year of this kind, some young people will refuse to do it. Would we then fine them or put them in jail?

Schluss: persönliche Einschätzung

Material 2

Taking all this into consideration, I come to the conclusion that a society can only work if people are willing to make valuable contributions to it. Forcing people to do so would involve constitutional questions which have not been addressed yet and would require intense social debate. *(389 words)*

Übungsaufgabe 1 (Mediation D–E): Plastikmüll

Die Nachrichten über Müll-Strudel im Pazifik und Nano-Plastikpartikel in Nahrungsmitteln haben viele Menschen in Deutschland aufgeschreckt.

Im Rahmen des international ausgerichteten Studiengangs „Waste Management" haben Sie einen Einführungskurs zur Abfallbewirtschaftung belegt. Für einen Vortrag sammeln Sie hierzu Informationen.

Erstellen Sie unter Berücksichtigung der vorgegebenen Aspekte einen zusammenhängenden englischen Text (ca. 150 Wörter) und ergänzen Sie diesen um eine kurze persönliche Einschätzung.

Beziehen Sie folgende Aspekte ein:
- Das abfallwirtschaftliche Problem, das sich für die EU zu Beginn des Jahres 2018 ergeben hat
- Die Probleme, die trotz Recycling bestehen bleiben
- Die Gefahren von Mikroplastik

Text **Unser täglich Müll**

Auf die Reste der Verwertungsgesellschaft hat sich längst ein ganzer Wirtschaftszweig spezialisiert. Die Mitgliedstaaten der EU exportierten 87 Prozent ihres gesamten Plastikmülls nach China. Damit die Chinesen aus dem europäischen Müll neuen Verpackungsmüll produzieren. Gemeint ist Makroplastik, also Einwegflaschen, Joghurtbecher oder Folien aus Polyethylen. China hat Anfang des Jahres 2018 den Müllimport gestoppt. Mutmaßlich produzieren die fast 1,4 Milliarden Chines*innen jetzt genug eigenen Plastikmüll. Seitdem suchen die EU-Staaten händeringend eine Lösung.

[…] Im Jahr 2015 ist die Müllflut in der Bundesrepublik auf insgesamt 411,5 Millionen Tonnen gestiegen. Nach Erhebungen des Statistischen Bundesamtes waren das fast zehn Millionen Tonnen Müll mehr als im Vorjahr, ein Plus von 2,3 Prozent, und 20 Prozent mehr als 2005. Statistisch sind das 5 000 Kilogramm Müll pro Kopf und Jahr, wobei in diese Berechnung auch Aschen aus den Kraftwerken, Bauschutt oder Industriemüll eingehen. Der pro Kopf anfallende Hausmüll schlägt mit 626 Kilogramm zu Buche – 136 Kilogramm mehr als der europäische Durchschnitt. […]

Nun könnten Sie meinen: „Kein Problem. Ich trenne meinen Müll immer ganz vorbildlich." Aber erstens ist die Energie, die für die Herstellung des Joghurtbechers oder der Jeans benötigt wurde, für immer verloren. Unser Müllkonsum heizt das Klima an, sorgt weltweit für Wasserdurst – besonders in den Anbaugebieten von Baumwolle – und führt zu massiven Verteilungskonflikten bei Rohstoffen.

Zweitens liegt die tatsächliche Recyclingquote nach Angaben der Deutschen Gesellschaft für Abfallwirtschaft nur bei knapp 40 Prozent: Der Rest wird verfeuert, was Schadstoffe freisetzt, oder als „Wertstoff" in die Welt exportiert. Damit beispielsweise in Accra, der Hauptstadt Ghanas, Kinder und Jugendliche ausgediente Computer aus Europa verbrennen, um an verwertbares Edelmetall zu kommen. Sie zahlen dann mit ihrer Gesundheit.

Drittens kann kein noch so guter Recyclingprozess 100 Prozent des Rohstoffs zurückgewinnen. Auch wenn man eine technisch anspruchsvolle Rückführquote von 75 Prozent zugrunde legt, sind nach 15 Durchläufen 99 Prozent der Ausgangsmasse verschwunden.

[…] Auch ein anderes Müllproblem entgeht unseren Sinnen: das sogenannte Mikroplastik. Nach Erhebungen des Fraunhofer-Instituts für Umwelt-, Sicherheits- und Energietechnik gelangen in Deutschland pro Jahr 330 000 Tonnen Kunststoffteilchen in die Umwelt, die kleiner sind als fünf Millimeter. […]. Größte Verursacher dieser Kleinstteilchen sind der Abrieb von Autoreifen und Reststoffe aus der Abfallentsorgung. Hinzu kommt die Zugabe zum Beispiel in Kosmetika.

„Mikroplastik befindet sich bereits in allen Bereichen der Umwelt", sagt Leandra Hamann vom Fraunhofer-Institut. Weil in den Ozeanen besonders viel Plastik schwimmt, gelten Fische als besonders belastet. Sogar im Trinkwasser aus der Leitung wurde Mikroplastik gefunden, freigesetzt etwa über Klärschlämme, die in der Landwirtschaft auf die Felder ausgebracht werden.

Mit jeder Mahlzeit nehmen wir einer Studie der Heriot-Watt Universität in Edinburgh zufolge mehr als 100 Mikroplastikpartikel zu uns. Noch ist die Wissenschaft nicht aussagefähig, was das für unsere Gesundheit bedeutet. Allerdings konnten Forscher nachweisen, dass die winzigen Plastikteilchen bei Meerestieren zu Leber- und Zellschäden führen. […] *(454 Wörter)*

Nick Reimer: Unser täglich Müll, in „NATURFREUNDiN" #4/2018 (S. 4), der Bundeszeitschrift des Verbands Naturfreunde Deutschlands e. V., https://www.naturfreunde.de/sites/default/files/naturfreundin_4-18_0.pdf

Lösungsvorschlag

TIPP

Die Mediation in der Abitur-Prüfung ist immer auch eine **Zusammenfassung**.

Anhand von **Leitfragen** oder **Schlüsselbegriffen** sollen Sie wesentliche inhaltliche Aspekte herausarbeiten und in Ihren Text zusammenhängend einarbeiten. In der vorliegenden Aufgabe sind die Kernaspekte das „abfallwirtschaftliche Problem“ (1), die „Probleme, die […] bestehen bleiben“ (2) und die „Gefahren von Mikroplastik“ (3).

Das Textmaterial zur Mediationsaufgabe wird sicher Informationen enthalten, die für Ihre Lösung nicht relevant sind. Es geht also für Sie immer auch darum, **wesentliche Informationen zu erkennen** und aufzunehmen und **unwesentliche Aspekte und Details wegzulassen**.

Im vorliegenden Text wird z. B. beschrieben, wie Mikroplastik entsteht und in die Umwelt gelangt. Die Aufgabenstellung verlangt jedoch lediglich, dass Sie auf die Gefahren von Mikroplastik eingehen.

Da Ihre Lösung mit **ca. 150 Wörtern** sehr kurzgefasst sein muss, sollten Sie darauf achten, wirklich nur die Punkte einzubeziehen, die in der Fragestellung verlangt werden.

Bestandteil der Mediation ist in der Regel auch ein kurzes **persönliches Fazit**, eine **Schlussfolgerung** oder eine **Empfehlung**. Hier können Sie sich auf ein oder zwei Sätze beschränken.

Einleitung
(1)
The EU member states used to export most of their plastic waste to China. But in early 2018 China stopped waste imports and since then the EU has been desperately trying to find a solution.

(2)
Recycling is a good idea but it cannot solve all problems. Firstly, the production of goods consumes energy which is lost forever, it contributes to global warming, it causes water scarcity and leads to struggles for raw materials. Secondly, the actual recycling rate is below 40 per cent. The rest is burned, which pollutes the air, or is exported into the world. Thirdly, not even the best recycling process can recover 100 percent of a raw material.

(3)
Microplastic is another big issue. By eating fish, which is considered subject to above-average pollution and drinking tap water, which contains microplastic, we consume small plastic particles. It remains unclear whether it is harmful to humans, as it has already been proved to cause damage to the livers and cells of sea creatures.

Persönliche Einschätzung
It is doubtful whether a satisfying solution can be found in a consumer society.

(168 words)

Berufliche Oberschulen Bayern ▪ Englisch 13. Klasse
Übungsaufgabe 2 (Mediation D–E): Tempolimit

Die Debatten um die „freie Fahrt für freie Bürger“ oder ein generelles Tempolimit auf Deutschlands Autobahnen sind fast so alt wie die Bundesrepublik selbst.

Sie machen ein Praktikum im Stab der EU-Kommissarin für Verkehr. Im Rahmen von Überlegungen zur Harmonisierung europäischer Verkehrsvorschriften steuern Sie in der Amtssprache Englisch Positionen und Fakten aus der Tempolimit-Diskussion in Deutschland bei. Als Grundlage dienen Ihnen die beiden untenstehenden Texte.

Erstellen Sie unter Berücksichtigung der vorgegebenen Aspekte einen zusammenhängenden englischen Text (ca. 150 Wörter) und ergänzen Sie diesen um eine kurze persönliche Einschätzung.

Beziehen Sie folgende Aspekte ein:
- Vorzüge eines allgemeinen Tempolimits auf deutschen Autobahnen in Bezug auf Verkehrssicherheit, Verkehrsfluss und Umwelt
- Argumente gegen die Einführung eines allgemeinen Tempolimits sowie mögliche Alternativen
- Vorwurf des VCD an die Verkehrspolitik

Text I Sind Autobahnen mit Tempolimit sicherer?

[…] Nicht immer geht es in dieser sehr deutschen Diskussion um Fakten. […] Hier wichtige Fragen und Antworten zum Thema:

Wie viele Autobahnkilometer sind überhaupt noch frei befahrbar?
Nach einer Erhebung der Bundesanstalt für Straßenwesen (BaSt) gilt auf fast jedem dritten Autobahnkilometer bereits ein generelles Tempolimit. Zwei Drittel sind jedoch weiterhin ohne Geschwindigkeitsbegrenzung befahrbar. Auf den restlichen Strecken gibt es lediglich temporäre Beschränkungen, etwa nachts oder bei Nässe.

Sind Autobahnen mit Tempolimit nun sicherer?
Statistisch lässt sich tatsächlich ein Zusammenhang zwischen Tempolimit und weniger Verkehrstoten herstellen: 2016 sind auf deutschen Autobahnen mit Geschwindigkeitsbegrenzung pro Autobahnkilometer 26 Prozent weniger Menschen tödlich verunglückt als auf Autobahnen ohne Tempolimit. 2015 waren es 13 Prozent. Dieser Trend lässt sich auch bei der Anzahl der Schwerverletzten feststellen. Das geht aus einer Auswertung des Deutschen Verkehrssicherheitsrates (DVR) hervor.

Hilft ein Tempolimit der Umwelt?
Ein Tempolimit von 120 Stundenkilometern auf deutschen Autobahnen würde einer Untersuchung des Umweltbundesamts zufolge pro Jahr rund drei Millionen Tonnen CO_2 einsparen. Das entspricht einem Rückgang um neun Prozent. Drei Millionen Tonnen CO_2 sind allerdings gerade einmal drei Prozent dessen, was der Pkw-Verkehr 2016 insgesamt an Treibhausgasen freigesetzt hat.

Verhindert ein Tempolimit Staus?
Diese Frage ist unter Experten umstritten. Der Verkehrsclub Deutschland (VCD) argumentiert: „Ein Tempolimit bedeutet weniger Staus, denn es mindert die hohen Geschwindigkeitsunterschiede auf Autobahnen, die eine wichtige Ursache bei der Stauentstehung sind." Laut ADAC führt ein generelles Tempolimit von 120 Stundenkilometern hingegen zu keiner nennenswerten Verbesserung der Leistungsfähigkeit von Autobahnen. Verkehrsabhängig gesteuerte Anzeigen reichten demnach aus, um die optimale Geschwindigkeit bei hohem Verkehrsaufkommen zu erreichen. *(253 Wörter)*

Erschienen auf der Webseite der Schwäbischen Zeitung https://www.schwaebische.de/sueden/baden-wuerttemberg_artikel,-sind-autobahnen-mit-tempolimit-sicherer-_arid,10784485.html
Gekürzt und leicht adaptiert

Text II Rasen ohne Limit

Ein generelles Tempolimit auf deutschen Autobahnen machte die Straßen sicherer, wenn sich auch die Fahrkultur ändere, meint Prof. Justin Geistefeldt.

Der Bochumer Verkehrswissenschaftler hofft, dass dann auch weniger hektisch gefahren werde und es weniger unnötige Fahrstreifenwechsel gibt. […]

[…] Es gibt keine von der Bundesregierung finanzierten Studien zur Verkehrssicherheit durch ein Tempolimit. „Wir haben es hier mit einem forschungspolitischen Loch zu tun, und zwar ist das beabsichtigt", meint Gerd Lottsiepen vom ökologisch ausgerichteten Verkehrsclub Deutschland (VCD). „[…] Die Autoindustrie freut sich, dass es keine neuen Untersuchungen gibt, weil die immer wieder von der Regierung verlangen, kein Tempolimit einzuführen."

[…] Automobilverbände halten Verkehrsbeeinflussungsanlagen für effizienter als ein starres Tempolimit: Sie geben eine an die jeweilige Verkehrssituation angepasste Höchstgeschwindigkeit vor, die etwa bei schlechtem Wetter anders sein kann als bei gutem. Auf zehn Prozent des 12 200 Kilometer umfassenden Autobahnnetzes sind solche Systeme bereits installiert. Laut einer Studie des „Auto Clubs Europa" (ACE) kann ein Geschwindigkeitsmanagement zu einem Rückgang von bis zu 30 Prozent der Unfälle auf Autobahnen führen und die Umwelt entlasten, weil Staus und unnötige Schadstoffemissionen vermieden würden. *(174 Wörter)*

Erschienen auf der Webseite des 3sat-Wissenschaftsmagazins „nano"
https://www.3sat.de/nano/umwelt/171852/index.html, 20. 09. 2017

Lösungsvorschlag

TIPP

Oft kann man sich bei der Suche nach den wesentlichen Aspekten an der Aufgabenstellung und Textreihenfolge orientieren, d. h., die gesuchten Informationen im Text folgen in ähnlicher **Reihenfolge** aufeinander wie bei den Leitfragen/Schlüsselbegriffen. Dies ist jedoch nicht immer der Fall und gerade bei Aufgaben mit mehreren Texten als Grundlage wird die Sache komplexer.

In der vorliegenden Aufgabe sind die geforderten Inhalte die „Vorzüge eines allgemeinen Tempolimits" (1), „Argumente dagegen [...] sowie mögliche Alternativen" (2) und der „Vorwurf des VCD" (3).

Bei der Suche nach diesen Inhalten empfiehlt es sich, die relevanten Textpassagen **verschiedenfarbig zu markieren**. So können Sie Ihre Lösung leichter strukturieren und Sie laufen nicht Gefahr, Inhalte zu übersehen oder doppelt zu präsentieren.

Einleitung
The benefits of a general speed limit on German motorways are as follows:

(1)
It will make motorways safer if people drive more sensibly. According to statistical data, a speed limit of this kind might lead to a drop in the number of road deaths and persons who are seriously injured. It would reduce CO_2 emissions by approximately three million tons – a nine per cent decline. Moreover, it reduces the large differences in the speeds of vehicles on highways, which means less congestion.

(2)
Automobile associations object to it, countering that CO_2 savings would only be very small. They claim that a general speed limit would have no noticeable effect with regard to congestion on motorways. Instead, they prefer traffic management facilities which make it possible to set flexible speed limits according to weather conditions, traffic flow and traffic density.

(3)
The environmental lobby group VCD accuses the Federal Government of deliberately retaining from funding studies on road safety and speed limits to the advantage of the automobile industry.

Persönliche Einschätzung
A general speed limit would help to save lives, and that is reason enough to introduce it. *(182 words)*

Berufliche Oberschulen Bayern ▪ Englisch 13. Klasse

Übungsaufgabe 3 (Mediation D–E): Energiewende

Bei der Etablierung und Förderung erneuerbarer Energien war Deutschland über viele Jahre Vorreiter.

Doch mittlerweile hat die Energiewende nicht nur Anhänger*innen. Arbeitsplätze in der fossilen Stromerzeugung sind in Gefahr. Windparks, Solarparks, Pumpspeicherwerke und neue Stromtrassen werden von vielen örtlichen Initiativen heftig bekämpft.

Sie machen ein Praktikum bei einer irischen Europaabgeordneten und stellen für sie politische und gesellschaftliche Positionen zur Energiewende in Deutschland zusammen. Als Grundlage dient Ihnen der untenstehende Text.

Erstellen Sie unter Berücksichtigung der vorgegebenen Aspekte einen zusammenhängenden englischen Text (ca. 150 Wörter) und ergänzen Sie diesen um eine kurze persönliche Positionierung.

Beziehen Sie folgende Aspekte ein:
- Grundsätzliche Haltungen zur Kohleverstromung
- Herausforderungen beim Umstieg auf erneuerbare Energien
- Widerstand gegen die Infrastruktur für erneuerbare Energien (Wer? Weshalb?)

Text **Energiewende? Ja, aber nicht bei uns!**

Massive Proteste begleiten nahezu jedes Projekt der Stromerzeugung. Die Wut ist verständlich, aber die Energiewende ist ohne die Anerkennung bitterer Wahrheiten nicht möglich.

[…] Die Kohleverstromung ist in Deutschland ein Auslaufmodell, gestritten wird […] nur noch über den Zeitplan für den endgültigen Ausstieg und die Bewältigung des Strukturwandels in den Kohleregionen. Die Kohlebergbau-Lobby, zu der neben den betroffenen Unternehmen auch die Gewerkschaft Bergbau-Chemie-Energie und große Teile der SPD gehören, will den Zeitpunkt für den endgültigen Exit aus dieser erwiesenermaßen klimaschädlichen Technologie so weit wie möglich hinausschieben.

Umweltverbände und mit ihnen verbundene Politiker vor allem der Grünen streben das Gegenteil an. […] Vor allem die Grünen wollen sich […] als Kohlegegner und Waldretter profilieren. […]

[Dabei agieren] auch große Teile der Anti-Braunkohle- und Umweltbewegung in Fragen der angestrebten Energiewende widersprüchlich. Denn der gesellschaftlich im Prinzip mehrheitsfähige Ausstieg aus Atomkraft und Kohle muss durch den schnellen, massiven Ausbau der regenerativen Stromerzeugung kompensiert werden. Zumal der Strombedarf durch den ebenfalls angestrebten Umstieg auf Elektroantriebe im öffentlichen und privaten Personenverkehr weiter steigen wird.

Proteste gegen jedes Projekt

Der notwendige Ausbau entsprechender Stromerzeugungskapazitäten ist natürlich auch mit massiven Eingriffen in gewachsene Landschaften und Ökosysteme verbunden. Es geht um große Anlagen wie Offshore- und Onshore-Windparks und um neue moderne Starkstromtrassen und Speichermedien, die die bei Ökostrom unvermeidlichen Schwankungen bei der erzeugten Energie ausgleichen sollen.

Doch es gibt kaum einen Windpark und keine Trasse, die nicht bereits im frühen Planungsstadium auf den entschiedenen Widerstand sowohl örtlicher Bürgerinitiativen als auch von Umweltverbänden und von örtlichen Parteigliederungen stoßen. [...] Derzeit gehen vor allem in Sachsen und Bayern ganze Landkreise – nicht selten unterstützt von Allparteienkoalitionen – auf die Barrikaden [...].

[...] Auch in Nordrhein-Westfalen gibt es nicht nur Braunkohle-Gegner, sondern auch zahlreiche Initiativen, die den Stopp des Ausbaus der Windenergie fordern, da sie die Lebensqualität ebenso mindern würde, wie den Wert der Häuser vor Ort. Auch großflächige Photovoltaikanlagen treiben vielerorts Bürger auf die Barrikaden, befürchtet wird vor allem die Verschandelung der Landschaft. [...]

Es braucht politischen Mut

Alle diese Protestbewegungen scheinen ein gemeinsames Motto zu haben: Energiewende, ja bitte. Aber nicht bei uns. Auf die Frage nach Alternativen zu dem jeweils kritisierten Vorhaben erntet man in der Regel ein Schulterzucken oder bekommt eher abstruse Vorschläge präsentiert. Andere Standorte seien viel besser geeignet, man könne schließlich auch mehr Ökostrom aus Norwegen importieren [...].

Eine durchgreifende Energiewende hin zur regenerativen Strom- und Wärmeerzeugung ist zweifellos notwendig, vor allem aus ökologischen und klimapolitischen Gründen. Für ihre Umsetzung braucht es aber ein entschlossenes staatliches Handeln sowie politischen Mut. [...] Denn der Strom kommt zwar auch ohne Kohle und Atomkraft aus der Steckdose. Aber da muss er auch irgendwie hinkommen. *(423 Wörter)*

Rainer Balcerowiak: Energiewende? Ja, aber nicht bei uns!, https://www.cicero.de/wirtschaft/hambacher-forst-energiewende-proteste-braunkohle-windkraft, 04.10.2018

Lösungsvorschlag

TIPP

Bei dieser Aufgabe ist es eine besondere Herausforderung, innerhalb der geforderten Wortzahl zu bleiben. Für die meisten Lehrer*innen ist die vollständige Einarbeitung der relevanten Inhalte wichtiger als die penible Einhaltung der Wortzahl. Wie Ihre Lehrkraft dazu steht, haben Sie bis zum Abitur sicher herausgefunden.

Einleitung
Grundsätzliche Haltung

In Germany, electricity produced in coal-fired power plants is coming to an end. While the coal lobby aims to delay the final exit as much as possible, environmental groups and the Green party are working towards the exact opposite.

Herausforderungen

The exit from coal power comes with two major challenges: it requires the rapid and substantial expansion of renewable energy. This is partly due to the expected rise in the demand for power, as public and private transport will increasingly use electric drive systems.
Additionally, the construction of wind farms, new transmission lines and power storage facilities will interfere with the landscape and ecosystems.

Widerstand

Local initiatives, party organisations and ecology groups fear a decline in the quality of life and the value of homes in affected regions as well as destroyed landscapes. They say they welcome renewable energies, but not in their backyard.

Persönliche Einschätzung

This attitude is somewhat understandable, but electric power must mainly be generated in the country in which it is used. *(162 words)*

Im November 2018 wird die Welt von der Nachricht aufgeschreckt, dass der Wissenschaftler He Jiankui im chinesischen Shenzhen bei zwei Embryos im Rahmen einer künstlichen Befruchtung einen gentechnischen Eingriff vorgenommen hat, um sie gegen das HI-Virus immun zu machen. Im Herbst 2018 seien die Zwillingsmädchen zur Welt gekommen.

Sie studieren in einem Auslandssemester Philosophie in Belfast. In einem Kurs über aktuelle ethische Problemstellungen tragen Sie den oben geschilderten Fall vor.

Erstellen Sie unter Berücksichtigung der vorgegebenen Aspekte einen zusammenhängenden englischen Text (ca. 150 Wörter) und ergänzen Sie diesen um eine kurze persönliche Positionierung.

Beziehen Sie folgende Aspekte ein:
- Die Motive He Jiankuis für seinen genomchirurgischen Eingriff
- Die Funktionsweise der Genschere
- Die möglichen Folgen eines Eingriffs mit der Genschere
- Die Kritik an dem Eingriff, den He Jiankui vorgenommen hat

Text **Ein Mann spielt Gott**

[…] He Jiankui. So heißt der Mann, den bis vor Kurzem kaum jemand kannte. Er ist über Nacht berühmt geworden. Am Montag, genau einen Tag, bevor der Wissenschaftsgipfel zur Human-Genomchirurgie in Hongkong anfing, lud er bei YouTube drei Videos hoch, gefilmt in seinem Labor im chinesischen Shenzhen. He spricht von Lulu und Nana, von Grace und Mark. Von einer glücklichen Familie, wie er sagt. Grace und Mark, das sind die Pseudonyme der Eltern. Lulu und Nana sind Zwillinge, geboren vor wenigen Tagen, sie sollen die ersten Kinder sein, deren Gene verändert worden sind. Der Vater ist mit HIV infiziert, He manipulierte das Erbgut so, dass die Babys gegen das Virus immun sind, sagt er.

In den Videos erzählt He davon, benachteiligten Familien geholfen zu haben, er redet von der Gnade und dem Respekt vor der Autonomie des Kindes. Er redet von der Verantwortung, einem Kind einen möglichst gesunden Start ins Leben zu ermöglichen. Unter gesund versteht He hier die Immunität gegen das HI-Virus, denn das ist die genetische Veränderung, die er eingefügt hat […], obwohl die Babys keiner besonderen Ansteckungsgefahr ausgesetzt waren. […]

Die Wissenschaftler, die in Hongkong eigentlich über ethisch begründete Zurückhaltung bei der Genomchirurgie reden wollten, […] wissen, dies ist ein Menschenversuch, bei dem ohne Skrupel schlimme Folgen für die Kinder in Kauf genommen wurden. […]

Hes Werkzeug heißt Crispr-Cas9, es wurde vor fünf Jahren entdeckt und ist in der Lage, winzigste, punktgenaue Veränderungen im Erbgut aller Lebewesen einzuführen. Veränderungen, die sich von natürlichen Mutationen nicht unterscheiden. Erbanlagen können mit Crispr eingeschaltet oder ausgeschaltet werden. Man spricht vom Gene Editing. Ob Pflanze, Tier oder Mensch, das Editieren funktioniert in jedem lebendigen Organismus. [...]

„Don't edit the human germline", verändert nicht die menschliche Keimbahn, forderte eine Gruppe von Wissenschaftlern vor drei Jahren in *Science,* einem der angesehensten Wissenschaftsjournale. Es war ein Aufruf zur Selbstbeschränkung, zur Besonnenheit, und der erste öffentliche Hinweis darauf, dass ein ethischer Dammbruch drohen könnte. Initiiert hatte den Artikel eine der Erfinderinnen der Genschere, die amerikanische Chemikerin Jennifer Doudna von der University of California in Berkeley. [...]. Der Forscherin war bewusst, dass ihre Genschere auch im ganz frühen menschlichen Embryo eingesetzt werden könnte, gleich nach der Befruchtung. [...]

Verändert man gleich nach der Befruchtung etwas im Embryo, wird diese Veränderung auf alle folgenden Generationen übertragen. Was man getan hat, geht nicht mehr weg. Es ist ein Eingriff in die Evolution.

Doudna und zahlreiche namhafte Experten wussten, dass die Genschere bei all ihren großartigen Eigenschaften nicht frei von Fehlern ist, sie schneidet manchmal an Stellen, an denen das nicht vorgesehen ist [...], wichtige Erbanlagen können verändert werden, schwere Krankheiten wären die Folge [...]. Crispr ist für einen Einsatz im Embryo nicht sicher. Völlig abgesehen von der Frage, was man denn überhaupt am Menschen ändern darf.

David Baltimore, ein Gentechnik-Papst, 1975 mit dem Nobelpreis für Medizin ausgezeichnet, sagt, das Experiment sei unverantwortlich. „Ich denke nicht, dass es medizinisch notwendig gewesen ist. Es handelt sich um ein Versagen der Selbstregulierung unserer Gemeinschaft." [...] *(482 Wörter)*

Christoph Gießen/Kathrin Zinkant: Ein Mann spielt Gott,
https://www.sueddeutsche.de/gesundheit/genmanipulation-china-crispr-1.4230761, 29.11.2018

Lösungsvorschlag

TIPP

Beschränken Sie sich in Ihrer Zusammenfassung auf **die Informationen, die im Ausgangstext enthalten sind**, und bringen Sie Ihr Weltwissen und Ihre persönliche Meinung nur im abschließenden Fazit unter.

Die Aufgabenstellung fragt nach den Motiven Hes. Im wissenschaftlichen und öffentlichen Diskurs wird der Biophysiker oft kritisiert, weil angenommen wird, dass hinter seinen Experimenten nicht das Interesse am Wohlergehen der Kinder und Eltern, sondern sein Geltungsbedürfnis steckt. Diese Kritik wird im vorhandenen Textausschnitt jedoch lediglich angedeutet, nicht explizit genannt. Daher sollte sie auch in Ihrer Lösung höchstens im persönlichen Fazit auftauchen.

He Jiankui is a researcher from China who performed genome surgery on twin embryos using the genome editing tool Crispr-Cas9. **Einleitung**

He did so because he wanted to help a disadvantaged family. He felt he had a responsibility to give the children, whose father suffers from HIV, a healthy start in life by making them immune to HIV. Motive

Crispr-Cas9 can carry out tiny and highly precise changes in the genotype of any being. It can "switch" genetic dispositions "on and off". If you make a change in an embryo right after in-vitro fertilisation, this change will be passed on to all the following generations. Funktionsweise

Since the tool is not perfect, important genetic dispositions may be altered by mistake which may result in severe diseases. What He did is considered irresponsible by some because he accepted terrible risks for the children. Critics say the babies had not been exposed to a substantial risk of infection and doubt that He's action was medically necessary. mögliche Folgen und Kritik

Man is not God – we need universal ethical standards before using this tool. *(174 words)* **Persönliche Einschätzung**

Berufliche Oberschulen Bayern ▪ Englisch 13. Klasse
Übungsaufgabe 1 (Mündliche Gruppenprüfung): *Immigration to Europe*

Preparation:	20 minutes
Notes:	You are allowed to take notes and take them with you.
Presentation:	Briefly state your personal point of view according to the situation for approximately one minute before the actual discussion starts.
Timing:	You should talk for about 5 minutes during the whole discussion.
Topic:	International conference about immigration to Europe

Situation

In the course of the 21st century, more and more people from Africa and the Middle East have been trying to reach the European continent. Approx. 80 per cent take transit routes by sea, and 20 per cent by land. The main countries of arrival in Europe are Spain, Italy, Malta, Greece, Cyprus and Bulgaria. From there, refugees are allocated to other European countries, with Germany, Sweden and the Netherlands being among the favourite destination countries. Annual figures of those missing or dying at sea vary between 1,500 and over 3,000.

Coping with these migration flows has been a huge challenge, and will remain so. You are participating in an international conference that discusses approaches and measures to meet this challenge. You want to put up an agenda that sums up the results of your conference. Among the suggested measures are:

Measures	
A	Tighter land border controls in Southeast Europe
B	Stepping up boat patrols in the coastal waters of North African countries to immediately redirect refugee vessels to their points of origin
C	Intensified efforts to combat human trafficking, including stiffer penalties
D	Deterring illegal immigrants by making living conditions in host countries less attractive (e. g. low-quality healthcare, imprisonment)
E	Stepping up rescue patrols in the Mediterranean and the Aegean Sea to reduce the number of deaths by drowning
F	Increasing support for refugee camps in areas of crisis
G	New programmes for the voluntary and enforced return of rejected asylum seekers
H	Generous integration schemes for accepted asylum seekers
I	Initiatives to attract more highly skilled migrants

Discussion

1 Pick three measures which you consider most appropriate. Present the measures you picked briefly.

2 Discuss. Agree on three key measures which you want to support in a call for immediate action.

Optional aspect for discussion

Come up with at least one more long-term measure to tackle the problem.

Lösungsvorschlag

TIPP

Die Rahmensituation für Ihre Aufgabe ist folgende:

Die Zuwanderung von Migranten aus Afrika und dem Nahen und Mittleren Osten ist eine anhaltende Herausforderung für Europa. Bei der Zuwanderung über das Mittelmeer und die Ägäis ertrinken jedes Jahr 1 500 oder sogar mehr Menschen. Die Aufnahmeländer im Süden Europas, vom Balkan bis zur iberischen Halbinsel, sind durch die Zuwanderung sehr belastet. Viele Migranten wollen aber eigentlich in mittel- und nordeuropäische Länder weiterziehen.

Sie sind nun **Teilnehmer einer internationalen Konferenz**, die Lösungsansätze sucht und diskutiert, um die Herausforderung Zuwanderung zu bewältigen. Neun Ansätze werden Ihnen vorgeschlagen, Sie sind aber auch aufgefordert, eigene Ideen zu entwickeln.

In der Vorbereitung **wählen Sie aus den gegebenen neun Ansätzen drei**, die Ihnen zur Bewältigung der Herausforderung besonders geeignet erscheinen.

Darüber hinaus sollen Sie **mindestens eine weitere Maßnahme** einbringen, die langfristig wirksam sein könnte.

Ihre Auswahl und Ihr eigener Vorschlag sollen mit **nachvollziehbaren Argumenten** unterfüttert sein.

Bereiten Sie ein kurzes Statement für den Start in die Diskussion vor, in dem Sie Ihre wichtigsten Gedanken zusammenfassen.

Machen Sie sich **in der Vorbereitung Notizen** und nutzen Sie die Zeit, um möglicherweise nützlichen Wortschatz nachzuschlagen und zu notieren.

In der Diskussion sollen Sie nach Ihrem Statement die Stärken und Schwächen, die Vor- und Nachteile der eingebrachten Ansätze und Ideen beleuchten, um sich dann auf **drei zentrale Maßnahmen zu einigen**, die so bald als möglich in Angriff genommen werden sollen.

Der folgende Lösungsvorschlag stellt exemplarisch eine Herangehensweise vor:

Discussion: Task 1

Measure 1 (Stepping up rescue patrols in the Mediterranean and the Aegean Sea to reduce the number of deaths by drowning)
Accepting the fact that several thousand people drown in the Mediterranean and the Aegean Sea each year goes against the humanitarian standards of the civilised world. Europe cannot put up with these deaths.
As a result, the EU has to take measures to rescue people and save them from drowning.
The migrants rescued must then be distributed to EU countries according to a rule that still has to be defined.

Measure 2 (Increasing support for refugee camps in areas of crisis)
More support for refugee camps in Syria, Jordan or Libya could help to reduce the numbers of people who want to leave those camps because they do not get enough food and lack medical care or sanitation.
Support could be given by providing more funds and sending qualified staff (doctors, nurses, security staff, management experts, etc.).

Measure 3 (Intensified efforts to combat human trafficking, including stiffer penalties)
Criminal organisations often urge or even force migrants to embark on their dangerous trip across the ocean. People smuggling between Africa, the Middle East and Europe is estimated to earn them more than a billion each year.
Improved legislation and investigation, an intensified hunt for people smugglers and stiffer penalties could help to permanently weaken organised human trafficking across borders.

Discussion: Task 2
individual solutions

Optional aspect for discussion
Additional idea for a long-term measure:
An EU investment programme for education and energy supply systems in African countries
A major reason why migrants leave their home countries is economic hardship.
Investing in schools, colleges and universities and establishing a powerful and reliable energy supply system in both rural and urban areas may help to improve people's prospects and economic wellbeing in Africa.

Preparation:	20 minutes
Notes:	You are allowed to take notes and take them with you.
Presentation:	Briefly state your personal point of view according to the situation for approximately one minute before the actual discussion starts.
Timing:	You should talk for about 5 minutes during the whole discussion.
Topic:	Cover picture for booklet

Situation

After getting their A-levels or their university degree, many school-leavers or graduates hesitate to jump right into their studies or a full-time career. They think about taking advantage of their freedom after leaving school or university and taking a different road, at least for a certain time.

A guidance and counselling agency for young adults is about to issue a booklet that describes a variety of opportunities abroad and at home after graduating or leaving school: studying, learning a trade, work & travel, a gap year, volunteering, interning, military service, and many more.

The booklet aims to provide school-leavers and graduates with useful information, ideas and guidance to enable them to make wise career decisions further down the road.

You are a member of the design team for the booklet. The team has to make a choice about a cover picture that must meet two basic requirements:

- Reflect what the booklet is about
- Attract the target group's attention

Pick one picture (or two) that meets the requirements mentioned above.

Prepare arguments to back your choice.

Discussion

1 Present the picture(s) you picked and outline briefly why you picked it (them).

2 Discuss the strong and weak points of the pictures chosen.
Agree on a shortlist of three pictures which you will later present to the publishing directors and rank the three pictures according to suitability.

Optional aspect for discussion

Find a suitable title for the booklet.

Picture 1

StanislavSukhin. Shutterstock

Picture 2

© Peter Warlimont

Picture 3

federico rostagno. 123rf.com

Picture 4

EpicStockMedia. Shutterstock

Picture 5

kitaec. 123rf.com

Picture 6

EpicStockMedia. Shutterstock

Picture 7

Maciej Bledowski. Shutterstock

Picture 8

Snvv18870020330. Shutterstock

Lösungsvorschlag

TIPP

Versetzen Sie sich in die Situation:

Sie sind Teil eines **Design-Teams** für eine Broschüre, deren Zielgruppe junge Menschen sind, die nach ihrer Abi-Prüfung oder nach ihrem Uni-Abschluss unschlüssig sind, ob sie gleich ins Studium bzw. Berufsleben einsteigen sollen oder lieber erst noch ihre Freiheit genießen sollen.

Die Broschüre soll jungen Menschen zeigen, welch vielfältige Möglichkeiten sie im eigenen Land und im Ausland haben.

Ihre Aufgabe als Design-Team ist es nun, ein **geeignetes Titelfoto** für die Broschüre auszuwählen. Dabei gilt es, zwei zentrale Kriterien zu beachten:

- Das Foto soll den **Inhalt der Broschüre** widerspiegeln.
- Das Foto soll die **Zielgruppe** ansprechen.

In der Vorbereitung wählen Sie **eines (oder auch zwei)** der angebotenen Bilder.

Machen Sie sich Gedanken, inwiefern Ihre Wahl die Kriterien erfüllt, und überlegen Sie sich möglichst viele **stichhaltige Argumente**, die Sie in der Diskussion vorbringen können. Überlegen Sie auch, **welche Schwächen** Ihre Wahl möglicherweise hat, denn auch diese werden in der Diskussion thematisiert werden, und darauf sollten Sie vorbereitet sein.

Bereiten Sie ein **kurzes Statement** für den Start in die Diskussion vor, in dem Sie Ihre wichtigsten Gedanken zusammenfassen.

Machen Sie sich in der Vorbereitung **Notizen** und nutzen Sie die Zeit, um möglicherweise nützlichen Wortschatz nachzuschlagen und zu notieren.

In der Diskussion sollen Sie ihre Vorschläge vorstellen, Stärken und Schwächen diskutieren und schließlich für Ihre Verlagsleitung eine Vorschlagsliste aus drei Bildern erstellen, wobei Sie die **drei Vorschläge** gemäß ihrer Eignung reihen sollen.

Die **Diskussion über einen geeigneten Titel** für die Broschüre müssen Sie nicht führen, können Sie aber führen.

Discussion: Task 1

Picture 1

Potential strong points:

- After leaving school or graduating, young people find themselves at a fork in the road. The options look equally attractive, but at the same time you can't see where these roads may take you in the end.
- It's hard to make a decision and you are on your own.
- The picture shows a scene in nature and young people tend to have a positive attitude towards nature.

Potential weak points:

- You can't see the woman's face, so the picture doesn't address the viewer directly.
- The thick forest might intimidate the viewer rather than encourage them.

Picture 2

Potential strong points:

- The picture reflects a lack of orientation and being on a boat is an unsteady state of affairs.
- Young people can identify with the situation because many have already been on a rowing boat, unsure of where to go, but were then able to cope with difficulties, make decisions and put them into practice.
- Being part of team can be helpful in a difficult situation.

Potential weak points:

- There are only boys in the picture, no girls.
- The boys aren't looking at the viewer.

Picture 3

Potential strong points:

- The picture reflects adventure, speed, action, fun and love of life: that's what life is about for many young people.
- As a young person you can be in command and can steer in any direction you choose.

Potential weak points:

- Not everybody is into water sports. For many, it's not part of their everyday experience.

Picture 4

Potential strong points:

- The picture reflects a sense of freedom, independence and adventure.
- Living one's life is like surfing the waters: thrilling, opening up new opportunities, there is uncertainty and danger, you may succeed, you may fail.

Potential weak points:

- For many, surfing is not part of their everyday experience.

- The picture reflects the aspect of fun, travel and recreation after leaving school or graduating rather than the aspect of making serious decisions and considering more serious activities.

Picture 5

Potential strong points:

- After leaving school or graduating, you are still on your way up. There is good weather and blue sky.
- The young man exudes confidence: he is powerful, active and determined. So he embodies a lot of positive qualities that school-leavers and graduates need and want to have.
- The man is inspiring.

Potential weak points:

- Again it's a male figure, females might not feel addressed.
- Rock climbing is not everybody's cup of tea. Potential readers of the booklet might feel disheartened or deterred.

Picture 6

Potential strong points:

- A ride in a convertible is almost everybody's dream, triggering lots of positive associations.
- There is a young man and a young woman, so the picture addresses both sexes.
- The picture conveys both uncertainty, as you don't know where the road may take you, and optimism, as there is a clear sky, an open road and somebody at your side. There is no need to worry.

Potential weak points:

- The picture has an air of unrealistic carefreeness. Life is not an endless ride in a convertible.

Picture 7

Potential strong points:

- You can't foresee what is going to happen in the long run, but there is information, such as that provided in this booklet, that gives you guidance at least in the short term.
- The picture reflects in fact that what lies ahead of you may not be easy (clouds, dry and vast land), but it is something you can get through (passable roads, patches of blue sky, landmarks that give you orientation).

Potential weak points:

- A desert-like scenery may be intimidating for some.
- People like to see people, but this place is deserted.

Picture 8

Potential strong points:

- That's what school-leavers and graduates are confronted with: a variety of options, lack of information about where roads or tracks might take you.
- The picture reflects a typical situation: You have to determine a new course.

- Our common experience is: you can be confident that the tracks will take you somewhere.

Potential weak points:
- People like to see people, but this place shows neither people nor vehicles nor tools.
- The picture doesn't reflect the fact that you can take action and take responsibility for yourself.

Discussion: Task 2

individual solutions

Optional aspect for discussion

Suitable titles:
- "Good decisions ahead"
- "Wherever life may take you"
- "A guide to steering a good course"
- "Don't worry – be confident"
- "A basket full of opportunities"

PRÜFUNGSAUFGABEN

READING

Text I Jina Moore: AIDS: How South Africa is beating the epidemic

(A) When Olga Thimbela first took in the kids, things were rosy. They were young. So was she, for that matter. She had two children of her own, and six more she was determined to raise after their mothers – one a sister and one an aunt of hers – died of AIDS, leaving the children orphaned. Olga cleaned houses most days, and her husband, Pontsho Monamodi, worked, if irregularly, as a security guard. They brought in enough to support their expanded family, provided they were penny-wise, and they felt _____ **[GAP 1]** _____.

(B) That was in 2007, a time that Olga remembers as when "things were easier, when life was simpler." It was also when the *Monitor* first met Olga and her family, who became part of an occasional series on South Africa's AIDS orphans. The disease has killed some 2.3 million people in South Africa, leaving roughly 1 million children without one or both parents. Only 11 percent of those were born with HIV, but all of them face challenges: depression, truancy, sexual vulnerability, and, in some cases, hunger and abuse.

(C) Six years ago, Olga's choice was a bright spot in _____ **[GAP 2]** _____. South Africans were living in the worst-hit country in the worst-hit region of the world: Roughly 22.5 million had HIV, the virus that causes AIDS, in the region in 2007, according to estimates at the time by UNAIDS, the Joint United Nations Program on HIV/AIDS. That was twice the number of HIV-positive people in every country in the rest of the world combined.

(D) For years, Thabo Mbeki, then South Africa's president, had denied that the disease even existed, and an overburdened health system, social stigma, and political sensitivities made it difficult for many patients to get tested for the disease or to get access to antiretroviral drugs. Experts, meanwhile, were _____ **[GAP 3]** _____ – that the men and women who drove the economy with their labor and consumption, who sheltered and raised the nation's children, who financially and emotionally supported their elders and parents, would be wiped out.

(E) "That was not _____ **[GAP 4]** _____; that was the real prospect" – and not only in South Africa, according to Christoph Benn, spokesman for *The Global Fund to Fight AIDS,* Tuberculosis and Malaria, a Geneva-based nonprofit organization. That was nearly a decade ago. Today, Africa's progress in preventing and treating AIDS exceeds even the most optimistic of earlier projections. [...] In South Africa, rates of infection have fallen by at least 30 percent. Nearly 2 million people are on antiretroviral drugs, known as ARVs, which have helped extend the life span of the sick and limit the transmission of the disease. Approximately 75 percent of South Africans who need ARVs get hold of them, putting the country just shy of _____ **[GAP 5]** _____. Perhaps most meaningful to ordinary South Africans: Life expectancy in South Africa has gone up – reaching levels not seen since 1995. […]

(F) But the surprising progress in beating the disease may be _____ **[GAP 6]** _____: AIDS is no longer an acute emergency. To be sure, it's still a serious epidemic. Yet increasingly, it is understood as a chronic illness, one that, health experts say, can be managed over a lifetime – a lifetime potentially as long for those living with HIV as those without. "We can very confidently say that treatment extends the life of HIV patients for at least 20 years, maybe more, and that many of them can lead perfectly normal lives," says Mr. Benn.

(G) But that's only half the story. Olga's story represents the other half – ____ **[GAP 7]** ____, not just on the infected or ill but on South Africa and the hundreds of thousands of caregivers who stepped up to take in these orphans. In 2006, Olga's two cousins joined her four orphaned nephews and a niece at her home, pushing the number of people living in their two-bed, four-room metal shack to 10. Yet Olga and Pontsho were optimistic, and the children seemed happy.

(H) But things changed. By 2010, Olga's older foster children were struggling with school, first loves, and sex. The couple – and their families – were quarreling about the finances and responsibilities associated with caring for so many children. Pontsho moved out, but the couple hoped that the stresses would ease and they could restore their relationship. That didn't happen. Pontsho left for good; Olga – who, at age 36 now has 11 biological and foster children – doesn't hear from him anymore. Her older foster children dropped out of school and are having children of their own, children who also ultimately depend on Olga. When members of her extended family hit hard times, or simply when they've had too much to drink, they press her for money; they're convinced _____ **[GAP 8]** _____ has made Olga rich. It's far from true. Olga can't work anymore, and her boyfriend's irregular work as a taxi driver brings in a pittance. […]

(I) There's an irony, then, in today's story of AIDS in Africa. Just as the world turns a corner, just as so many global public health statistics on AIDS finally get better, and just as patients begin living longer, the people – and they are mostly women – who stepped up in place of the dead are exhausted. The energy and optimism they harnessed a decade or more ago when they became surrogates to a generation made vulnerable by the loss of its parents have been tried, tested, and worn down. […] *(947 words)*

Jina Moore in: The Christian Science Monitor, June 23, 2013 (abridged and adapted)

Task I: Multiple Matching (How South Africa is beating the epidemic) (8)

There are eight gaps in the text. In the grid below, match A to L with gaps 1 to 8. There are three (extra) options that do not fit.

GAP	1	2	3	4	5	6	7	8
Part of Sentence								

	Parts of sentences
A	the bleak story of a continent beset by AIDS
B	the toll that AIDS has taken
C	the AIDS epidemic as a public health threat
D	just a kind of ludicrous concern of some activists
E	a modest state grant for foster parents
F	buoyed by knowing they were doing the right thing
G	playing a transformative role by championing social justice
H	keeping the issue on the political agenda
I	*The Global Fund's* 80 percent standard for universal access
K	bringing about a shift in thinking
L	predicting that the population would be decimated

Text II Farhad Manjoo: Handing out money in a world without work

(A) Let's say computers take over most jobs. This may not seem likely at the moment; computer scientists and economists offer wildly varying ideas for how deeply automation will affect future employment. But imagine that within two or three decades the world's workforce will be made up of robots. In this future, most manual laborers will have been replaced by robots. Truck drivers, delivery workers and airline pilots will have been superseded by vehicles that do it all. Doctors, lawyers and business executives will have seen their ranks thinned by charming, attractive, all-knowing algorithms. How will society function after humanity has been made redundant?

(B) Technologists and economists have been grappling with this for decades, but in the last few years, one idea has gained widespread interest, especially among venture capitalists. Their plan is known as "universal basic income," or U.B.I., and it goes like this: As the jobs dry up because of the spread of artificial intelligence, why not just give everyone a paycheck? Imagine the government sending each adult enough money to cover housing, food, health care and other basic needs. U.B.I. would be aimed at easing the dislocation caused by technological progress, but it would also be bigger than that.

(C) While U.B.I. has been associated with left-leaning academics, feminists and other progressive activists, it has lately been adopted by a wider range of thinkers, including some libertarians and conservatives. It has also gained support among a cadre of venture capitalists in New York and Silicon Valley, the people most familiar with the potential for technology to alter modern work. Rather than a job-killing catastrophe, some supporters of U.B.I. consider machine intelligence to be something like a natural bounty for humanity: Society has struck oil, and now it can hand out checks to each of its citizens. These supporters argue machine intelligence will produce so much economic surplus that we could collectively afford to liberate much of humanity from both labor and suffering.

(D) The most idealistic thinkers see the plan as a way to foster a quasi-utopian future we've only encountered in science fiction universes like that of "Star Trek." As computers perform more work, people will be free to become artists, scholars, entrepreneurs or otherwise engage their passions in a society no longer centered on the drudgery of daily labor.

"We're talking about divorcing your basic needs from the need to work," said Albert Wenger, a venture capitalist at Union Square Ventures, a proponent of U.B.I. "For a couple hundred years, we've constructed our entire world around the need to work. Now we're talking about more than just a tweak to the economy – it's as foundational a departure as when we went from an agrarian society to an industrial one."

(E) Sam Altman, president of the tech incubator *Y Combinator,* recently proposed to fund research into U.B.I. The firm has received thousands of applications for research funding, Mr. Altman said; it plans to select winning recipients within a few weeks, and ultimately *Y Combinator* plans to spend "tens of millions" of dollars on research meant to answer some of the most basic questions about life under U.B.I. These questions range from the practical – how much U.B.I. would cost, and whether it's affordable – to deeper issues concerning people's motivation and purpose in what might be called a "postwork" age. When you give everyone free money, what do people do with their time? Do they goof off, or do they try to pursue more meaningful pursuits? Do they become more entrepreneurial?

(F) "People have been predicting that jobs would go away for a long time, and usually what happens is they just change," Mr. Altman said. But even so, "during those periods of change, things can be quite disruptive," and at the very least, U.B.I. may be able to smooth out the transition period.

(G) A cynic might see the interest of venture capitalists in U.B.I. as a way for them to atone for their complicity in the tech that might lead to permanent changes in the global economy. But conversations with tech industry executives interested in U.B.I. reveal a sincerity and sophistication about the idea. They don't see U.B.I. merely as a defense of the current social order. Instead they see automation and U.B.I. as the most optimistic path toward wider social progress.

(H) U.B.I. has been hampered by very basic practical questions: How much should be given out? Can countries afford to pay?
Proponents say these questions will be answered by research. For now, they argue the proposal is affordable by altering tax and welfare policies to pay for it, and by accounting for the ways technological progress in health care and energy will reduce the amount necessary to provide a basic cost of living.

(I) "I think it's a bad use of a human to spend 20 years of their life driving a truck back and forth across the United States," Mr. Wenger said. "That's not what we aspire to do as humans – it's a bad use of a human brain – and automation and basic income is a development that will free us to do lots of incredible things that are more aligned with what it means to be human." *(858 words)*

Farhad Manjoo: Competing Visions for a Post-Work Future. From The New York Times, 2016-03-09

Task II: Multiple Choice Questions (Handing out money in a world without work) (8)

Mark the most suitable option by crossing the appropriate letter.

1 In the first paragraph the author claims that …

- **A** ☐ people in various professions might be substituted.
- **B** ☐ our social fabric will tear.
- **C** ☐ mankind will profit from future developments.
- **D** ☐ there will not be an alternative to full automation

2 The idea of a universal basic income …

- **A** ☐ has always been supported by liberal politicians.
- **B** ☐ has recently been suggested by leftist groups.
- **C** ☐ has been developed to foster automation.
- **D** ☐ could soften the impact of automation.

3 The phrase "Society has struck oil" (paragraph C) is used to express that …

- **A** ☐ we need not care about energy shortage anymore.
- **B** ☐ work will be made redundant.
- **C** ☐ communities will become more liberal.
- **D** ☐ automation will yield enormous profit.

4 The author uses "Star Trek" (paragraph D) in order to illustrate …

- **A** ☐ future types of self-fulfillment.
- **B** ☐ free enterprise.
- **C** ☐ the value of volunteering.
- **D** ☐ necessary types of employment.

5 Which statement would **not** be supported by Albert Wenger?

- **A** ☐ U.B.I. will have a major impact on the economy.
- **B** ☐ Work will always be the basis of our existence.
- **C** ☐ Our way of life will face another shift.
- **D** ☐ Up to now there has been no alternative to work.

6 Sam Altman's firm …

- **A** ☐ produces scientific equipment.
- **B** ☐ is attractive to the unemployed.
- **C** ☐ is engaged in charity as well.
- **D** ☐ also poses philosophical questions.

7 Critics blame supporters of U.B.I. for …

A ☐ being too optimistic about the idea.

B ☐ trying to compensate for their wrongdoing.

C ☐ destroying existing social structures.

D ☐ glorifying automation.

8 The author's tone is …

A ☐ optimistic.

B ☐ prejudiced.

C ☐ unbiased.

D ☐ sceptical.

Text III Alan Bennett: The Uncommon Reader

In this literary work by Alan Bennett Queen Elizabeth II becomes obsessed with books after an encounter with a mobile library. She borrows one book after the other – and with the help of Norman, the autodidact gay kitchen porter, becomes an avid reader, actually planning to write a book. Her courtiers hate the habit.

(A) The youngest minister laughed, then wished he hadn't. The prime minister wasn't laughing. If this was to be the tone of what the Queen was planning to write there was no telling what she was going to say. "I still think you would do better just to tell your story, ma'am," he said weakly.

"No," said the Queen. "I am not interested in facile reminiscence. It will, I hope, be something more thoughtful. Though when I say thoughtful I don't mean considerate. Joke."

(B) Nobody laughed and the smile on the prime minister's face had become a ghastly grin. "Who knows," said the Queen cheerfully, "it might stray into literature."

"I would have thought", said the prime minister, "that Your Majesty was above literature."

"Above literature?" said the Queen. "Who is above literature? You might as well say one was above humanity. But, as I say, my purpose is not primarily literary: analysis and reflection. What about those ten prime ministers?" She smiled brightly. "There is much to reflect on there. One has seen the country go to war more times than I like to recall. That, too, bears thinking about."

(C) Still she smiled, though if anyone followed suit, it was the oldest ones who had the least to worry about.

"One has met and indeed entertained many visiting heads of state, some of them unspeakable crooks and blackguards and their wives not much better." This at least raised some rueful nods.

"One has given one's white-gloved hand to hands that were steeped in blood and conversed politely with men who have personally slaughtered children. One has waded through excrement and gore; to be Queen, I have often thought the one essential item of equipment a pair of thigh-length boots."

(D) "One is often said to have a fund of common sense but that's another way of saying that one doesn't have much else and accordingly, perhaps, I have at the instance of my various governments been forced to participate if only passively in decisions I consider ill-advised and often shameful. Sometimes one has felt like a scented candle, sent in to perfume a regime, or aerate a policy, monarchy these days just a government-issue deodorant.

I am the Queen and head of the Commonwealth, but there have been many times in the last fifty years when that has made me feel not pride but shame. However" – and here she stood up – "we must not lose our sense of priorities and this is a party after all, so before I continue shall we now have some champagne?"

(E) The champagne was superb but, seeing that one of the pages doing the serving was Norman, the prime minister lost all taste for it and slipped along the corridor to the toilet, where he got on his mobile to the attorney general. The lawyer did much to reassure him, and fortified by his legal advice the prime minister was able to pass the message round the members of the cabinet, so that when in due course Her Majesty came back into the room it was a more resilient group that awaited her.

(F) "We've been talking about what you said, ma'am," began the prime minister.
"All in good time," said the Queen. "One hasn't quite finished. I wouldn't want you to think that what I am planning to write and indeed have already started writing is some cheap, tell-tale life-in-the-palace nonsense beloved of the tabloids. No. One has never written a book before but one hopes that it will" – she paused – "transcend its circumstances and stand on its own, a tangential history of its times and, you'll perhaps be reassured to learn, far from exclusively to do with politics or the events of one's life. I'd like to talk about books, too, and people. But not gossip. I don't care for gossip. A roundabout book. I think it was E. M. Forster who said: 'Tell all the truth but tell it slant, success in circuit lies.' Or was it," she asked the room, "Emily Dickinson?"

(G) Unsurprisingly, the room did not answer.
"But one mustn't talk about it or it will never get written."
It was no comfort to the prime minister to reflect that whereas most people when claiming to want to write a book would never get it written, with the Queen and her terrible sense of duty it could be guaranteed that she would.
"Now, Prime Minister," she turned to him gaily, "you were saying?"

(H) The prime minister rose. "Respectful as we are of your intentions, ma'am" – the prime minister's tone was casual and friendly – "I think I have to remind you that you are in a unique position."
"I seldom forget it," said the Queen. "Go on."
"The monarch has, I think I'm right in saying, never published a book."
The Queen shook her finger at him, a gesture she remembered in the moment of making it that was a mannerism of Noel Coward's. "That isn't quite true, Prime Minister. My ancestor Henry VIII, for instance, wrote a book. Against heresy. That is why one is still called Defender of the Faith. So, too, did my namesake Elizabeth I."
The prime minister was about to protest.

(I) "No, one knows it isn't the same, but my great-grandmother Queen Victoria, she wrote a book also, *Leaves from a Highland Journal,* and a pretty tedious book it is, too, and so utterly without offence as to be almost unreadable. It's not a model one would want to follow. And then of course" – and the Queen looked hard at her first minister – "there was my uncle the Duke of Windsor. He wrote a book, *A King's Story,* the history of his marriage and subsequent adventures. If nothing else, that surely counts as a precedent?"
Furnished with the advice of the attorney general on this very point, the prime minister smiled and almost apologetically made his objection. "Yes, ma'am, I agree, but the difference, surely, is that His Royal Highness wrote the book as Duke of Windsor. He could only write it because he had abdicated."
"Oh, did I not say that?" said the Queen. "But … why do you think you're all here?"

(1,084 words)

Alan Bennett: The Uncommon Reader. London: Faber & Faber 2008

Task III: Mediation Englisch – Deutsch (The Uncommon Reader) (8)

Beantworten Sie die folgenden Fragen <u>auf Deutsch</u>.

1 Wenn die Queen sagt: "I am not interested in facile reminiscence" (Absatz A), dann meint sie, dass … (1)

____

____

2 Erklären Sie, wofür die schenkelhohen Stiefel (Absatz C) symbolhaft stehen. (1)

____

____

____

3 Erklären Sie aus dem Kontext: "one has felt like a scented candle" (Absatz D). (2)

____

____

____

4 Durch welchen Charakterzug hebt sich die Queen laut Absatz G von anderen potentiellen Schriftstellern ab? (1)

____

5 Was möchte die Queen mit „[…] that surely counts as a precedent?“ (Absatz I) ausdrücken? (2)

____

____

____

6 Welcher Plan der Queen kommt im letzten Satz zum Ausdruck? (1)

____

WRITING

Task IV: Mediation Deutsch – Englisch (12)

Fassen Sie den folgenden Artikel zusammen, indem Sie die unterstrichenen Textstellen sinngemäß ins Englische übertragen. Erstellen Sie hierfür einen zusammenhängenden Text im Umfang von etwa 150 Wörtern.

Text **Des Albtraums erster Teil**

Der Brexit und die Sehnsucht nach dem alten Nationalstaat sind Zeichen für den Niedergang des Westens.

Es ist nicht tiefschwarzer britischer Humor, es ist nicht Monty Python, sondern Boris Johnson und David Cameron, härteste politische Realität also, eine ziemliche Katastrophe. Die Mehrheit in Großbritannien hat sich für den Austritt aus der EU entschieden. Angesichts der ökonomischen, politischen und militärischen Größe des Landes wird dies eine große Lücke schlagen und die Union schrumpfen lassen. Europa wird daran nicht zugrunde gehen, und was aus Großbritannien werden wird, weiß zur Stunde wohl kaum jemand. Bleibt das Land zusammen oder werden die Schotten gehen? Hat der 23. Juni [2016] den selbstverschuldeten Niedergang einer der dynamischsten Volkswirtschaften der EU eingeleitet? War es das mit der Weltfinanzmetropole London? Der Austritt Großbritanniens ist ein bis dato einmaliger Vorgang. [...] Die eigentlichen Ursachen für die Ablehnung Europas reichen tief: die Wiederkehr des Nationalismus und der Mythen von einer goldenen Vergangenheit der Nationalstaaten, ethnisch und politisch homogen und ganz ohne die Zwänge der Kompromissmaschine namens Brüssel, ohne Globalisierung, von der zwar die Mehrheit der Europäer in ihren Sozialstaaten sehr gut lebt, sie gleichwohl aber grässlich findet. [...]

Die innere Kraft der Idee von der europäischen Einheit, die auf den Desastern des 20. Jahrhunderts gründete, scheint sich erschöpft zu haben, jetzt träumt man wieder vom goldenen Zeitalter des Nationalstaats. [...] Die Umkehrung der positiven Vision Europa zugunsten des Mythos von einer goldenen Vergangenheit der Nationalstaaten ist nicht nur geschichtsvergessen, sondern auch ein Symptom des europäischen Niedergangs. [...]. Der Aufstieg der großen Schwellenländer wie China und Indien wird mit dem Niedergang des alten Westens assoziiert. [...]

Zuerst und vor allem wird Millionen von Unionsbürgern klargemacht werden müssen, wo die wirkliche Macht in der Union liegt: nicht in Brüssel, sondern bei den nationalen Regierungen. Wofür wird Brüssel nicht alles verantwortlich gemacht: für die Globalisierung, die Zuwanderung, Sozialabbau, Jugendarbeitslosigkeit, Demokratiedefizit und vieles mehr. Es sind aber vor allem die nationalen Regierungen, die dafür die Verantwortung tragen. Sie haben auch die EU bisher wirksam daran gehindert, effizienter zu handeln.

Noch ist es Zeit zur Umkehr, noch. Oder müssen erst Donald Trump in den USA und Marine Le Pen in Frankreich gewählt werden, um nach dem Brexit den dreifachen Albtraum zu vollenden?

Autor: Joschka Fischer (war von 1998–2005 Bundesaußenminister und Vizekanzler) © Copyright: Project Syndicate, 2016 in: Süddeutsche Zeitung, 29. 06. 2016, S. 2 (stark gekürzte Fassung)

Task V: Argumentative Writing (24)

Choose **one** of the following topics. Write **at least 200 words**.

1 Composition
Social media has become a mainstream way of communication.
However, ignorant and even hateful posts on a variety of subjects have become commonplace.
Should they be censored? Discuss.

2 Composition
Future technology like driverless cars or home automation will be more intelligent than most people can imagine today.
Are we in danger of losing control of our lives?

Lösungsvorschlag

READING

Task I: Multiple Matching (How South Africa is beating the epidemic)

TIPP

- **Zu 1: F** (buoyed by knowing they were doing the right thing)
  „Buoyed" bedeutet hier so viel wie „bestärkt" oder „hoffnungsfroh gestimmt". Olga und ihr Mann hatten sich entschlossen, neben ihren eigenen Kindern auch die Kinder der Schwester und der Tante aufzuziehen, die zu Waisen geworden waren (vgl. Z. 1–4). Sie waren überzeugt, damit das Richtige zu tun („knowing they were doing the right thing").
- **Zu 2: A** (the bleak story of a continent beset by AIDS)
  Olgas Engagement war ein Lichtblick („bright spot", Z. 15) in der Tragödie („bleak story"), die Afrika heimgesucht hatte („beset by AIDS"). Das Ausmaß der Tragödie – die enorme Zahl der Infizierten und Erkrankten, die Vielzahl gravierender Probleme im Alltag („depression, truancy, hunger" etc.) – wird in den Zeilen 10–20 beschrieben.
- **Zu 3: L** (predicting that the population would be decimated)
  Mbeki, der frühere Präsident Südafrikas, leugnete die Existenz der Krankheit, was Prävention und Behandlung enorm erschwerte („made it difficult [...] to get access to antiretroviral drugs", Z. 23/24). Fachleute gingen daher davon aus („predicting"), dass die Bevölkerungszahl deutlich zurückgehen würde ("the population would be decimated"), worauf auch in den Zeilen 24–27 Bezug genommen wird ("the men and women [...] would be wiped out").
- **Zu 4: D** (just a kind of ludicrous concern of some activists)
  Die Befürchtungen der Experten (hier: „activists") waren nicht lächerlich oder hysterisch („ludicrous concern"), sondern das, was man tatsächlich erwarten musste („the real prospect", Z. 28).
- **Zu 5: I** (*The Global Fund's* 80 percent standard for universal access)
  „To be just shy of sth" (vgl. Z. 36) bedeutet, dass jemandem nicht mehr viel fehlt bis zur Erreichung eines numerischen Ziels. Hier geht es darum, dass sich die Situation in Südafrika in den letzten zehn Jahren sehr verbessert hat (vgl. Z. 31–35), sodass das Ziel, 80 % der von HIV und AIDS Betroffenen Zugang („access") zu antiretroviralen Medikamenten zu verschaffen, schon in greifbarer Nähe ist.

- **Zu 6: K** (bringing about a shift in thinking)
  Durch die großen Fortschritte in der Bekämpfung von AIDS („progress in beating the disease“, Z. 39) ist die Krankheit nicht mehr akut lebensbedrohlich („acute emergency“, Z. 40). Das führt zu einer Veränderung in der Wahrnehmung und Einschätzung („bringing about a shift in thinking“): AIDS wird nun zunehmend als chronische Erkrankung betrachtet, die sich gut in den Griff bekommen lässt („chronic illness [...] that [...] can be managed“, Z. 41/42).
- **Zu 7: B** (the toll that AIDS has taken)
  Hier wird der Kontrast beschrieben zwischen der Erfolgsgeschichte in Bezug auf die Eindämmung von AIDS (vgl. Z. 39–45) und dem Tribut, den AIDS gefordert hat („the toll that AIDS has taken“), gerade auch von denen, die als Pflege- und Betreuungskräfte („caregivers“, Z. 48) eingesprungen sind.
- **Zu 8: E** (a modest state grant for foster parents)
  Olgas Angehörige („members of her extended family“, Z. 59) fordern Geld von ihr, weil sie davon ausgehen, dass die staatliche Unterstützung für Pflegeeltern („state grant for foster parents“) üppig ist („has made Olga rich“, Z. 61). In Wahrheit ist das jedoch nicht der Fall („modest“).

GAP	1	2	3	4	5	6	7	8
Part of Sentence	F	A	L	D	I	K	B	E

Task II: Multiple Choice Questions (Handing out money in a world without work)

TIPP

- **Zu 1:** Der Autor nennt in Absatz A mehrere Berufsbilder (u. a. „manual laborers“, „delivery workers and airline pilots“ und „lawyers and business executives“), bei denen es vorstellbar ist, dass sie zukünftig durch Roboter, intelligente Fahrzeuge („vehicles that do it all“, Z. 6) oder Algorithmen ersetzt werden. Er macht dagegen keine Angaben zum bedrohten sozialen Zusammenhalt (Option B) oder zum möglichen Nutzen (Option C) bzw. zur Unausweichlichkeit (Option D) der Automatisierung.
- **Zu 2:** Zunächst wird kurz die Grundidee des „U.B.I.“ (= bedingungsloses Grundeinkommen) umrissen (vgl. Z. 11–14), bevor seine Hauptzielsetzung genannt wird: “U.B.I would be aimed at easing the dislocation caused by technological progress” (Z. 14/15). Das bedingungslose Grundeinkommen soll also die möglichen Auswirkungen („impact“) des technologischen Fortschritts („automation“), wie z. B. eine höhere Arbeitslosigkeit, abmildern („soften“).

Option A trifft nicht zu, weil die „liberal politicians“ nicht den im Text genannten „left-leaning academics [...] and other progressive activists“ (Z. 16/17) entsprechen.
Option B ist ebenfalls nicht richtig, weil sich politisch linke Gruppen („leftist groups“) schon seit jeher, und nicht erst seit kurzem („recently“), für die Idee eines bedingungslosen Grundeinkommens interessieren.
Option C ist falsch, weil darin unzutreffenderweise behauptet wird, das „U.B.I.“ solle die Automatisierung fördern („foster“).

- **Zu 3:** Der Ausdruck “Society has struck oil” (Z. 22) spielt auf die Entdeckung sprudelnder Ölquellen im 19. und 20. Jh. an, woraus sich großer Wohlstand für viele speiste. Hier wird der Ausdruck in folgendem Kontext verwendet: Automatisierung und maschinelle Intelligenz werden nicht als Jobkiller (vgl. Z. 20) gesehen, sondern als eine Art natürlicher Schatz („natural bounty“, Z. 21/22) und als Entwicklung, die viel Geld abwerfen wird („yield enormous profit“; „produce [...] economic surplus“, Z. 23/24), sich also für viele Menschen auszahlen wird („hand out checks to each of its citizens“, Z. 22/23).
- **Zu 4:** Die Menschen werden die Freiheit erfahren („free to become“, Z. 28), den Tätigkeiten nachzugehen, die sie persönlich erfüllen („self-fulfillment“), z. B. als Künstler, Wissenschaftler und Gelehrte etc. (vgl. Z. 28).
- **Zu 5:** Albert Wenger behauptet, dass man in Zukunft nicht mehr im hergebrachten Sinne wird arbeiten müssen, um seinen Lebensunterhalt zu bestreiten („divorcing your basic needs from the need to work“, Z. 31). Dies widerspricht der Aussage in Option B, wonach Arbeit zur Existenzsicherung unerlässlich ist.
- **Zu 6:** Sam Altmans Firma hat vor, viel Geld für Forschungsprojekte auszugeben, die sich mit zentralen Fragen rund um das bedingungslose Grundeinkommen auseinandersetzen (vgl. Z. 39/40). Darunter sind auch philosophische Fragen („deeper issues concerning people’s motivation and purpose“, Z. 42).
- **Zu 7:** Die in der Aufgabenstellung erwähnten „critics“ finden ihre Entsprechung im „cynic“ in Zeile 50 des Texts. Die Automatisierung wird laut Befürwortern des bedingungslosen Grundeinkommens zu Verwerfungen in der Arbeitswelt führen („things can be quite disruptive“, Z. 48; „permanent changes in the global economy“, Z. 51/52). Das „U.B.I.“ könnte also als eine Art Ausgleich verstanden werden, mit dem man die eigene schuldhafte Mitwirkung an den technologischen Veränderungen („wrongdoing“ = „complicity in the tech“, Z. 51) wiedergutzumachen versucht („compensation“ = „atone for“, Z. 51).
- **Zu 8:** Insgesamt nimmt der Autor keine wertende Haltung zur Automatisierung und zum bedingungslosen Grundeinkommen ein – er ist weder ausgesprochen zuversichtlich („optimistic“) noch voreingenommen („prejudiced“) oder distanziert („sceptical“). Er beschreibt und analysiert die Entwicklungen und Hintergründe vielmehr relativ unvoreingenommen und objektiv („unbiased“).

1 In the first paragraph the author claims that …

A ☒ people in various professions might be substituted.

2 The idea of a universal basic income …

D ☒ could soften the impact of automation.

3 The phrase "Society has struck oil" (paragraph C) is used to express that …

D ☒ automation will yield enormous profit.

4 The author uses "Star Trek" (paragraph D) in order to illustrate …

A ☒ future types of self-fulfillment.

5 Which statement would **not** be supported by Albert Wenger?

B ☒ Work will always be the basis of our existence.

6 Sam Altman's firm …

D ☒ also poses philosophical questions.

7 Critics blame supporters of U.B.I. for …

B ☒ trying to compensate for their wrongdoing.

8 The author's tone is …

C ☒ unbiased.

Task III: Mediation Englisch – Deutsch (The Uncommon Reader)

TIPP

- **Zu 1:** Die Aussage der Queen bezieht sich auf den Rat des Premierministers, die Königin solle doch einfach ihre Lebensgeschichte erzählen ("you would do better just to tell your story", Z. 3/4).
- **Zu 2:** Die schenkelhohen Stiefel („thigh-length boots", Z. 25) knüpfen an das vorangegangene Bild der durch Exkremente und Blut watenden Queen an („waded through excrement and gore", Z. 23/24).
- **Zu 3:** Die Queen hat Entscheidungen von Regierungen immer wieder als unklug oder beschämend empfunden („decisions I consider ill-advised and often shameful", Z. 28/29). Ihre Aufgabe war es dann, für angenehme Gerüche zu sorgen („perfume a regime, or aerate a policy", Z. 30), obwohl die Sache zum Himmel stank.
  Das im Text wiederholt verwendete „one" bezieht sich übrigens auf die Queen selbst.

- **Zu 4:** Laut Text gibt es viele Menschen, die zwar behaupten, ein Buch schreiben zu wollen, es aber letztlich doch nie tun. Diese Gefahr besteht bei der Queen nicht, da sie ihr Pflichtbewusstsein („her terrible sense of duty", Z. 55/56) dazu zwingt, ein einmal angefangenes Projekt auch zu Ende zu bringen.
- **Zu 5:** Die Queen reagiert hier auf die Aussage des Premierministers, wonach Monarchen eigentlich keine Bücher verfassen (vgl. Z. 62). Sie versucht, ihr eigenes Vorhaben zu rechtfertigen, indem sie eine Reihe von Gegenbeispielen aus der Geschichte anführt (vgl. Z. 64–66 und 68–74).
- **Zu 6:** Im letzten Satz bezieht sich die Queen auf eine Äußerung des Premierministers, wonach der Duke of Windsor nur deshalb ein Buch schreiben konnte, weil er bereits abgedankt hatte (vgl. Z. 77/78). Dieses Thema, so die Queen, sei der eigentliche Grund für ihr Treffen mit den Ministern. Es liegt also nahe, dass die Königin ebenfalls vorhat, abzudanken, um sich ganz ihrer Schriftstellertätigkeit widmen zu können.

1 … sie nicht einfach nur ihre Lebensgeschichte/Memoiren aufschreiben will.
Alternative: … ihr geplantes Buch mehr sein soll als eine schlichte Biographie.

2 Die Stiefel stehen symbolisch für das dicke Fell, mit dem sich die Queen gegen all die Grausamkeiten, Unappetitlichkeiten und Machenschaften der politischen Größen und Machthaber, mit denen sie zu tun hat, wappnen möchte.

3 Die Queen sieht sich in die Rolle einer Duftkerze gedrängt, die mit ihrem betörenden Duft die unangenehmen Gerüche/Ausdünstungen der Realpolitik überdecken soll.

4 Pflichtbewusstsein/Pflichtgefühl

5 Sie wäre nicht die erste aus der königlichen Familie, die ein Buch verfasst.
Alternative: Sie legitimiert ihr Buchprojekt, indem sie auf den Präzedenzfall des Buches ihres Onkels verweist.

6 Sie hat vor, abzudanken.

WRITING

Task IV: Mediation Deutsch – Englisch

The majority of people in Great Britain has opted for leaving (exiting) the EU, which will lead to (cause, create, leave) a huge gap and will make the Union shrink (will shrink the Union).
To date there has never been anything like Brexit. (Brexit is an unprecedented event/ process.)
(Brexit is a first in EU history.)
The actual (real, underlying) reasons (motives, causes) for British citizens to reject (turn away from) Europe are the return (revival, comeback) of nationalism and the myth of nation-states (national states) that are ethnically and politically homogenous and free from (untouched by) restrictions (directives) imposed by Brussels (without being forced to compromise with Brussels).
It seems that the idea (concept, notion) of European unity (of Europe as one nation, of a sense of European togetherness) has lost all of its appeal (attraction). (… seems to be dead/outdated).
(It seems that people have become tired of the idea of …)
The rise of big emerging (threshold, up-and-coming, formerly poor/underdeveloped) countries like China and India is closely associated with the decline of the West.
(While big emerging countries such as China and India are on their way up, the western countries are on the decline.)
Brussels is held responsible (is held accountable, is blamed, is the scapegoat) for globalization, immigration, cuts in social services (the reduction of social standards, the decline of the welfare state, wrecking social security), youth unemployment, and a lack of democracy (deficiencies/weaknesses in democracy).
Yet (However), it's the national governments that so far have prevented the EU from (acting more efficiently. *(about 150 words)*

1 **TIPP**

Der Aufgabentyp „Discuss …“ verlangt die Auseinandersetzung mit Pro und Kontra.

Aufbau:
(1) Kurze Hinführung zum Thema
(2) Argumente, warum man regelnd in die sozialen Medien eingreifen sollte:
- Protecting people from attacks based on their origin, skin colour, religion etc.
- Zero tolerance for hateful posts
- Danger of escalation

(3) Argumente, warum zensierende Eingriffe unterbleiben sollten:
- Freedom of expression as a fundamental right
- Where does censorship stop?
- Who defines "hateful"?

(4) Abrunden des Aufsatzes mit einem Resümee, einer persönlichen Einschätzung o. Ä.

In late 2015 and early 2016, the steady influx of refugees was a controversial topic in German politics and on social media platforms. Emotions ran high on Facebook, leading to heated discussions and, sadly, also to hateful and uncontrolled flaming. Meanwhile, there are calls for censoring such posts and a bill has been put forward by the German Minister of Justice which aims at forcing corporations like Facebook to delete untruthful or hateful posts. Is this a step in the right direction?

First of all, hateful posts which defame people because of their skin colour, origin, religious belief or sexual orientation rob people of their dignity. Nowhere in the world, and even less in a democratic society like Germany, can we expect humans to put up with social media comments like "Those do-gooders are a disgrace to our country. Hang them higher!".

And secondly, if we accept people insulting others in the worst possible way and lashing out against those who think differently, we will face a highly alarming change in the standards of our communication. In a civilized society diversity, tolerance and non-violence – also in verbal communication – are sacred values which must be defended, otherwise things will get even worse and open societies will become deeply divided. All these aspects justify the call for censorship of hateful posts.

Yet, we must bear in mind that a democratic constitution guarantees freedom of expression. Critical comments must be accepted, even if they are harsh or polemical. If you start censoring postings, where do you stop? And will it be government authorities or private companies that define which online statements qualify for a ban and which do not?

By censoring social media posts we may find ourselves on a slippery slope leading to ever tougher restrictions. And for authoritarian regimes like in Russia or Turkey such

censorship will serve as a welcome excuse for their own wrongdoing in the field of free speech.
Taking all this into account, I conclude that censoring hateful posts means walking a tightrope. Nevertheless, the bottom line for me is that those who insult others and destroy the existing culture of compromise and understanding must not get away with it and need to be stopped.
This, in my view, justifies legal action against hateful posts. *(378 words)*

2 **TIPP**

Die Aufgabenstellung könnte dazu verleiten, sich vorwiegend mit den Vor- und Nachteilen z. B. der Automatisierung auseinanderzusetzen. Im Zentrum der Themenstellung steht jedoch die Frage, ob wir Gefahr laufen, durch zukünftige Technologien unsere Eigenständigkeit zu verlieren.

Aufbau:

(1) Kurze Hinführung zum Thema
(2) Argumente für die These, dass wir unsere Eigenständigkeit verlieren:
   - Algorithms, e. g. on social media platforms, decide which content we are faced with
   - Fridges place our orders
   - Driverless cars decide which route we take
   - We can't fully control what happens to the data collected by smart machines
(3) Argumente gegen die These, dass wir unsere Eigenständigkeit verlieren:
   - We have more time for our families, hobbies, voluntary work, career etc.
   - Autonomous driving and smart machines allow elderly and disabled people to be more independent
(4) Abrunden des Aufsatzes mit einem Fazit, Ausblick, Appell o. Ä.

Wherever we shop online, websites hint at what "other customers bought …" or what we "might also be interested in." Even today, algorithms learn from our behaviour and, arguably, restrict our view of the world and the choices we make. Future technology such as home automation and driverless cars will be even more intelligent and, potentially, also more intrusive and powerful. Does this mean that we are gradually losing control of our lives?
Algorithms, e. g. on social media platforms, analyse our surfing habits and choose the content they assume we are likely to prefer. The filter bubbles they create prevent us from being confronted with the unexpected. By pre-selecting what we get to see, they subtly curb our independence.
This trend is likely to increase with future technology. Intelligent fridges will know everything about our eating habits. They will place online orders automatically, decide on which food is delivered and which brands we buy. Similarly, driverless cars will, at least to a certain extent, decide on which route we follow and at which speed we will

be going. This involves a potential danger to life and limb, as revealed by the 2016 car accident in the US with a self-driving Tesla.
In addition, home automation systems and driverless cars collect huge amounts of data, which might be used by companies or hackers to invade our privacy. This, too, would mean a loss of control.
However, there is also a chance that future technology might increase our personal freedom. For example, digitalisation and automation allow us to make better use of our time in all fields of life – family, hobbies, career, and voluntary work. In a driverless car we will be able to read a life-changing book or business correspondence, we can lean back and watch the landscapes passing by. Instead of struggling with the shopping, we will gain time for our hobbies, for that barbecue with family and friends, or for doing voluntary work in a charity.
What is more, elderly or disabled people might benefit from smart homes and autonomous driving, as these inventions will increase their independence and mobility.
In my opinion, future technology can offer some benefits, but we should certainly remain watchful so that it does not control our lives to a greater extent than we want it to. We are beings gifted with reason and judgement and ultimately it's up to us to decide whether machine intelligence writes the shopping list or we do. *(410 words)*

READING

Text I Simon Romero: Spanish thrives in the U.S. despite an English-only drive

(A) Wander into El Super, a sprawling grocery store in the same valley where fortune seekers on horseback laid claim nearly four centuries ago to one of Spain's most remote possessions, and the resilience of the language they brought with them stands on display. Reggaetón, the musical genre born in Puerto Rico, blares from the speakers. Shoppers mull bargains in the accents of northern Mexico. A carnicería offers meat, a panadería bread, a salchichonería cold cuts, and there's also a tortillería – that one's self-explanatory for many who never even studied the language of Cervantes[1]. "Everything I need here is in Spanish," said Vanessa Quezada, 23, an immigrant from the Mexican state of Chihuahua, gesturing toward the branch of the First Convenience Bank, where tellers greet people with a smile and "Buenas tardes."

(B) Indeed, the United States is emerging as a vast laboratory showcasing the remarkable endurance of Spanish, no matter the political climate. Drawing on a critical mass of native speakers, the United States now has by some counts more than 50 million hispanohablantes, a greater number of Spanish speakers than Spain. In an English-speaking superpower, the Spanish-language TV networks Univision and Telemundo spar for top ratings with ABC, CBS, FOX and NBC. The made-in-America global hit song of the summer? "Despacito." At the same time, more than 20 states have enacted laws making English the official language, President Trump won the election with a platform that included building a border wall, and his push for new limits on legal immigration would require that applicants speak English to obtain legal residency green cards.

(C) Juan Rodríguez, 44, a Colombian immigrant who owns La Reina, a Spanish-language radio station in Des Moines, said it was an "extremely uncertain time" for some Spanish speakers, particularly undocumented immigrants who are trying to be seen and heard less often now that the president has made deportation a priority. "But that fear doesn't prevent us from living our lives in Spanish," Mr. Rodríguez added. "Iowa may be an English-only state, but it's also our state."

(D) Throughout the world, the position of English as the pre-eminent language seems unchallenged. The United States projects its influence in English in realms including finance, culture, science and warfare. But on a global level, Mandarin Chinese dwarfs English in native speakers, ranking first with 898 million, followed by Spanish with 437 million, according to Ethnologue, a compendium of the world's languages. Then comes English with 372 million, followed by Arabic, Hindi, Bengali, Portuguese and Russian. Immigration from Latin America bolstered the use of Spanish in the United States in recent decades, but scholars say other factors are also in play, including history, the global reach of the language, and the ways in which people move around throughout the Spanish-speaking world.

(E) Authorities in parts of the United States have repeatedly argued for curbing the spread of Spanish, like the former Arizona schools chief who said all Spanish-language media should be silenced. A judge pushed back this week against that official's drive to also ban the state's Mexican-American studies program, saying the ban was "motivated by racial animus."

(F) The United States exemplifies how the movement of people throughout the Spanish-speaking world is taking the language in new directions. In metropolitan Los Angeles, an area with more than 4 million Spanish speakers – more than Uruguay's entire population – linguists say that a new dialect has coalesced as different types of Spanish come into contact with one another. And here in New Mexico, an influx of Mexican and Central American immigrants is nourishing and reshaping a variant of Spanish that has persisted since the 16th century.

(G) Ojos Locos, a cavernous sports bar in Albuquerque, offers a glimpse into how Spanish is changing. Like El Super, it's part of a chain founded in the United States aimed at the Latino market. "What's a sports cantina without delicious authentic Mexican comida[2] – más tacos, más wings y más cerveza," Ojos Locos explains on its website. Such servings were in abundance on a recent Sunday when Mexico's national soccer team played against Jamaica, and Mexicano Spanish seemed to be the venue's dominant language. But some tables were effortlessly mixing English and Spanish, especially those where children were accompanying their parents, while others, including tables of mixed-ethnicity couples, cheered, conversed and cursed (Mexico lost, 1–0) over their frozen margaritas almost entirely in English.

(H) The ways in which families use languages at the dinner table also show how Spanish is evolving. In the Nava family, which moved to New Mexico from northern Mexico more than 20 years ago, the grandparents passionately debate in Spanish the performance of their football team, the Dallas Cowboys. But when their adult children talk to one another, it's in Spanglish. And the language of their grandchildren? Mainly English, with a sprinkling of Spanish words here and there. "Our real communication is in Spanglish," said Cindy Nava, 29, a policy analyst at the New Mexico Legislature who arrived in the United States at the age of 7. "But we still recognize the importance of speaking Spanish correctly."

(I) Long before Mr. Trump was elected, the growth and durability of Spanish had caused concerns, leading to "official language" laws that in some cases limit the use of any language other than English in government offices and documents, and in other cases are largely symbolic.

(J) Even apart from political efforts, the continued growth of Spanish in the United States is not assured. Linguists have documented how new generations of Latinos around the country are steadily shifting to English, just as descendants of other immigrants have done. But if the past is a guide, Spanish will continue to evolve and endure. "In many places in the U.S., English and Spanish are in bed with each other, a contact that is both generative and exciting," said Junot Díaz, a Hispanic writer. "For many of us," he went on, "Spanish is our path to love, and as history has proven no one can legislate away love." *(997 words)*

Simon Romero, The New York Times, August 23, 2017,
https://www.nytimes.com/2017/08/23/us/spanish-language-united-states.html (adapted)

Annotations

1 Spanish writer (1547–1616)
2 food

Task I: Multiple Choice (Spanish thrives in the U.S.) (7)

Mark the most suitable option by crossing the appropriate letter.

1 In the first paragraph the author's main intention is to show that …

- **A** ☐ in the U.S. Spanish is now more popular than English.
- **B** ☐ history is the main reason for the widespread use of Spanish in North America.
- **C** ☐ Spanish has become very common in parts of the U.S.
- **D** ☐ Hispanics come from many different Spanish-speaking countries.

2 Which of the following is **not** mentioned in paragraph B?

- **A** ☐ The annual number of residence permits has been limited.
- **B** ☐ In the U.S. Spanish media are among the most widely used.
- **C** ☐ The political climate has become more xenophobic.
- **D** ☐ Spanish in the U.S. has been persistent.

3 In the U.S., Spanish has …

- **A** ☐ profited exclusively from immigration numbers.
- **B** ☐ seen a boom because of various factors.
- **C** ☐ now become more relevant than English.
- **D** ☐ fewer speakers than some other languages.

4 Political proposals against the Spanish tongue …

A ☐ haven't yet been countered by state institutions.
B ☐ include stopping a program for intercultural education.
C ☐ will lead to a condemnation of Spanish-language media outlets.
D ☐ are always boosted by racist thinking.

5 Which heading summarizes the information provided in paragraph F best?

A ☐ More Hispanics in L.A. than in Uruguay.
B ☐ Spanish resistant to change.
C ☐ Spanish a threat to English.
D ☐ New versions of Spanish in the U.S.

6 Which of the following statements is **not** mentioned? Ojos Locos sports bar …

A ☐ often sees a mix of languages.
B ☐ offers Mexicans a glimpse of home.
C ☐ belongs to a larger corporation.
D ☐ offers sports broadcasts in a well-lit environment.

7 Towards the end of the text the author states that …

A ☐ political measures against Spanish will be ineffective.
B ☐ there's hardly any hope for Spanish due to new developments.
C ☐ Spanish might profit from mixed-language relationships.
D ☐ Spanish will probably continue to grow.

Text II Omar El Akkad: I've always been an Arab. It was only when I moved to the U.S. I realised I was 'brown'

(A) On 26 May, a white supremacist stabbed two people to death in my adopted hometown of Portland, Oregon. Ricky John Best and Taliesin Myrddin Namkai-Meche confronted their killer when they saw him shouting Islamophobic slurs at a pair of teenage girls on a city train. In response, he slashed their throats and ran. The man who committed this crime did so because he felt entitled to harass Muslims. And he knew at least one of the young women sitting in front of him was Muslim, not because he had any meaningful understanding of her religion, but because he saw the garment covering her hair.

(B) It has been a bumper year for Islamophobia in the U.S. – indeed, for hatred of all kinds. And amid the spike in racist violence, there has crystallised a certain definition of what it means to exist as a Muslim in the U.S. today: to be subjected arbitrarily and without notice to a monumentally superficial definition of what it is you are, and await at all times whatever outbreak of individual or institutional violence such a definition might elicit.

(C) My wife and I moved to the U.S. four years ago. Besides feeling slightly uneasy just like most Arab Muslim men do whenever they walk through a Transportation Security Administration (TSA) checkpoint, I experienced no great anxiety at immigrating to this country. From a very young age, I have subsisted on an almost exclusively American cultural diet, and so believed that I understood this place. I didn't. Only after I had lived here did I come to realise that, before one can make anything of oneself in the U.S., one must contend with whatever it is the U.S. makes of him. I've been Arab my whole life, I've been Muslim essentially my whole life, but it wasn't until I came to this part of the world that I found out I was brown.

(D) It is an astounding fraternity, this brownness – a term applied to Central and South Americans, Arabs, Persians, south-east Asians, an assortment of human beings so broad in origin and experience that they may as well literally be called "Other". I have almost no idea how to be brown. But living in the U.S., I am constantly offered glimpses of what the designation means; how it relates or fails entirely to relate to my own Muslim identity; the lens under which it casts me. You learn quickly.

(E) There are, of course, unwritten rules to my particular flavour of brownness, a small toolkit for getting by: whenever you have to go to the airport, you show up well ahead of time and you bring every conceivable piece of identification, every immigration document. When you speak to a TSA agent, you start with: "How are you?" or "How's it going?" rather than something more formal, so as to prove your familiarity with the way people speak here and also display your good-as-native English accent. You shave beforehand. If you find yourself driving behind a pickup truck plastered with bumper stickers that say "Certified ISIS Hunter" or featuring an illustration of a rifle next to the words "Come and take it", you ease off the gas and give the guy some space. If someone mangles the pronunciation of your name, you let it slide. Every time anyone expresses pleasant astonishment at how well you speak the language, given you weren't even born here, you smile and say: "Thanks."

(F) It's exhausting. Exhausting. But it is not new. In a country that loves its clean, clear dichotomies, there are only good and bad Muslims, and both relate exclusively to terrorism. A billion human beings all neatly reduced to clichés, plot devices for the latest season of Homeland[1]. As with every aspect of racism in the U.S., the rise of the Trump regime has not brought about some fundamentally new form of Islamophobia, but simply empowered its practitioners to shout out loud what previously they might have only whispered.

(G) What is often more frustrating than this sweeping dehumanisation is the tepid way that even champions of mainstream American progressivism argue against it. Throughout the 2016 election, I watched the U.S.'s self-professed liberal politicians denounce everything from Islamophobia to outright torture by pointing out that such things should be avoided because they only serve to make the country less secure.

(H) I don't care if they make the U.S. more or less secure – the rationale for denouncing inhumanity resides on the moral, not the pragmatic, spectrum. One does not advocate for an end to segregation on account of its economic inefficiency, or internment camps on account of there probably being a better use of the space.

(I) The day after the Portland stabbings, I went to a memorial for the victims. I watched a group of people from all walks of life gather and light candles and make speeches and hug one another and cry. And for a moment, it was almost possible to forget that one need only drive 20 minutes from here before the city gives way to the vast rural gut of Oregon, where people voted overwhelmingly for Donald Trump and Confederate flags still fly high. It was almost possible to forget that, in response to a horrific and high-profile hate crime, the president said exactly nothing for three whole days, before offering a condemnation so half-hearted that many white supremacists undoubtedly assumed it came with a wink and a nod.

(J) To live as a minority in America during the Trump era is to occupy one or more slots on a roulette wheel of cruelty. One week the ball might land on immigrants, the next on the transgender community, the next on black or brown people, Muslims, Jews – anyone whose wealth, skin colour or established societal privilege can't protect them from an administration whose leaders and supporters mistake brutality for strength. You keep your head down. You ride out the storm, even when it feels like storm is all there is.

(1,003 words)

Omar El Akkad, The Guardian, September 17, 2017,
https://www.theguardian.com/world/commentisfree/2017/sep/17/ive-always-been-an-arab-it-was-only-when-i-moved-to-the-us-i-realised-i-was-brown (adapted)

Annotation

1 a TV series

1 Gapped Summary (paragraphs A–E) (5)

Fill in the gaps of the summary with appropriate words from the corresponding sections of the text (one word per line). Do not make any changes. Please also provide the number of the line in which you have found the word.

When he moved to the USA a few years ago, the Canadian Egyptian novelist and journalist Omar El Akkad did not feel too much ______________ (l. ___) about his future life. He had actually thought he knew the country he migrated to. It was only later that he recognized that this was not the case.

As it turned out, the move to the U.S. affected his whole identity: he had to realize that people there actually thought him to be "brown". To him it was an ______________ (l. ___) brotherhood due to its diversity and multi-nationality: people from all over the world, all thrown into one pot by this label.

Today, he has to adhere to various guidelines which dictate him how to behave in public to stay out of trouble. Using this little ______________ (l. ___), which helps him to survive, is definitely exhausting as it includes avoiding overtly racist people, always being able to show valid identification and trying to blend in at all cost.

Even when following all these rules, one can easily become a victim of an Islamophobic crime. The Portland killer, for example, murdered two people simply because he considered himself to be ______________ (l. ___) to torment Muslims. And even if you do not encounter open hate, as a Muslim in the USA you are ______________ (l. ___) to other people's opinions of who you are. This does not make it any easier to enjoy your life there at all.

2 Mediation Englisch – Deutsch (Absätze G–J) (5)

Beantworten Sie die folgenden Fragen auf Deutsch.

2.1 Was will der Autor mit seinen Beispielen zum Ende der Rassentrennung und den Internierungslagern ausdrücken? (2)

____

____

____

2.2 Welches Verhalten wirft der Autor Präsident Trump nach den tödlichen Attacken von Portland vor, nachdem dieser zunächst drei Tage nur geschwiegen hatte? (1)

____

____

____

2.3 Was meint der Autor mit der Aussage "To live as a minority in America during the Trump era is to occupy one or more slots on a roulette wheel of cruelty." (Absatz J)? (2)

____

____

____

Text III Aravind Adiga: The White Tiger

In the following you will read an excerpt from the novel 'The White Tiger': a tale of two Indias – poverty-stricken rural and thriving urban India – in which a poor Indian villager, Balram Halwai, becomes an entrepreneur in Bangalore, the digital hub of India.

(A) If the Indian village is a paradise, then the school is a paradise within a paradise. There was supposed to be free food at my school – a government programme gave every boy three *rotis*[1], yellow *daal*[2], and pickles at lunchtime. But we never ever saw *rotis*, or yellow *daal*, or pickles, and everyone knew why: the schoolteacher had stolen our lunch money. The teacher had a legitimate excuse to steal the money – he said he hadn't been paid his salary in six months. He was going to _____ **[GAP 1]** _____ – he was going to do nothing in class until his pay cheque arrived in the mail. Yet he was terrified of losing his job, because though the pay of any government job in India is poor, the incidental advantages are numerous. Once a truck came into the school with uniforms that the government had sent for us; we never saw them, but a week later they turned up for sale in the neighbouring village.

(B) No one blamed the schoolteacher for doing this. You can't _____ **[GAP 2]** _____. Everyone in the village knew that he would have done the same in his position. Some were even proud of him, for having got away with it so cleanly.
One morning a man wearing the finest suit I had seen in my life, a blue safari suit that looked even more impressive than a bus conductor's uniform, came walking down the road that led to my school. We gathered at the door to stare at his suit. He had a cane in his hand, which he began swishing when he saw us at the door. We rushed back into the class and sat down with our books.

(C) This was a surprise inspection. The man in the blue safari suit – the inspector – pointed his cane at holes in the wall, or the red discolorations, while ___ **[GAP 3]** ___ and said, "Sorry sir, sorry sir."
"There is no duster in this class; there are no chairs; there are no uniforms for the boys. How much money have you stolen from the school funds?"
The inspector wrote four sentences on the board and pointed his cane at a boy: "Read." One boy after the other stood up and blinked at the wall. "Try Balram, sir," the teacher said.
"He's the smartest of the lot. He reads well."
So I stood up, and read, *"We live in a glorious land. The Lord Buddha received his enlightenment in this land. The River Ganga gives life to our plants and our animals and our people. We are grateful to God that we were born in this land."*
"Good," the inspector said. "And who was the Lord Buddha?"
"An enlightened man."
"An enlightened *god*."

(D) The inspector made me write my name on the blackboard; then he showed me his wristwatch and asked me to read the time. He took out his wallet, removed a small photo, and asked me, "Who is this man, who is the most important man in all our lives?"

The photo was of a plump man with spiky white hair and chubby cheeks, wearing thick earrings of gold, _____ **[GAP 4]** _____.

"He's the Great Socialist."

"Good. And what is the Great Socialist's message for little children?"

I had seen the answer on the wall outside the temple: a policeman had written it one day in red paint.

"Any boy in any village can grow up to become the prime minister of India. That is his message to little children all over this land."

(E) The inspector pointed his cane straight at me. "You, young man, are _ **[GAP 5]** _. In any jungle, what is the rarest of animals – the creature that comes along only once in a generation?"

I thought about it and said:

"The white tiger."

"That's what you are, in *this* jungle."

Before he left, the inspector said, "I'll write to Patna asking them to send you a scholarship. You need to go to a real school – somewhere far away from here. You need a real uniform, and a real education."

He had a parting gift for me – a book. I remember the title very well: *Lessons for Young Boys from the Life of Mahatma Gandhi.*

(F) So that's how I became the White Tiger. There will be a fourth and a fifth name too, but that's late in the story. Now, being praised by the school inspector in front of my teacher and fellow students, being called a 'White Tiger', being given a book, and being promised a scholarship: all this constituted good news, and ___ **[GAP 6]** ___ is that good news becomes bad news – and soon.

(G) My cousin-sister Reena got hitched off to a boy in the next village. Because we were the girl's family, we were screwed. We had to give the boy a new bicycle, and cash, a silver bracelet, and arrange for a big wedding – which we did. Mr. Premier, you probably know how we Indians enjoy our weddings – I gather that these days people come from other countries to get married Indian-style. Oh, we could have taught those foreigners a thing or two, I tell you! Film songs blasting out from a black tape recorder, and drinking and dancing all night! I got smashed, and so did Kishan, and so did everyone in the family, and for all I know, they probably poured hooch into the water buffalo's trough.

(H) Two or three days passed. I was in my classroom, sitting at the back, with the black slate and chalk that my father had brought me from one of his trips to Dhanbad, working on the alphabet on my own. The boys were chatting or fighting. The teacher had passed out.

Kishan was standing in the doorway of the classroom. He gestured with his fingers.

"What is it, Kishan? Are we going somewhere?" Still he said nothing.

"Should I bring my book along? And my chalk?"

"Why not?" he said. And then, with his hand on my head, he led me out.

(I) The family had taken a big loan from the Stork[3] so they could have a lavish wedding and a lavish dowry for my cousin-sister. Now the Stork had called in his loan. He wanted all the members of the family working for him and he had seen me in school, or his collector had. So they had to hand me over too. *(1,116 words)*

Aravind Adiga, The White Tiger. London, 2008, pp. 32–36. (incl. introduction; adapted)

Annotations

1 a flat round bread
2 also: dhal – red lentils
3 The Stork – nickname of one of the village's rich landowners

Task III: Mixed Reading Tasks (The White Tiger) (7)

1 Multiple Matching (6)

There are six gaps in the text. In the grid below, match gaps 1 to 6 with A to I. There are three options that do not fit.

GAP	1	2	3	4	5	6
Part of Sentence						

	Parts of sentences
A	the teacher cowered by his side
B	an intelligent, honest, vivacious fellow in this crowd of thugs and idiots
C	talk about a man's education without mentioning his school
D	expect a man in a dung heap to smell sweet
E	hold them accountable
F	the face glowed with intelligence and kindness
G	the infallible law of life in the darkness
H	undertake a Gandhian protest to retrieve his missing wages
I	talented but bound to fail in life

2 Mediation Englisch – Deutsch (1)

Beantworten Sie die folgenden Fragen auf Deutsch.

Warum wurde der Erzähler von seinem älteren Bruder Kishan aus der Klasse geholt?

WRITING

Task IV: Mediation Deutsch – Englisch (Terrorangst in Deutschland) (12)

Lesen Sie folgendes Interview mit dem Psychologen Gerd Gigerenzer über die Angst vor Terror und den Umgang mit Risiken und fassen Sie die unterstrichenen Passagen für einen Vortrag zusammen. Schreiben Sie ca. 150 Wörter.

Text Terrorangst in Deutschland

Herr Gigerenzer, Sie halten Risikokompetenz für eine überlebenswichtige Fähigkeit. Was verstehen Sie darunter?

Risikokompetenz wird im 21. Jahrhundert tatsächlich so wichtig werden, wie es Lesen und Schreiben im 20. Jahrhundert waren. Wir sind aber noch weit davon entfernt, risikokompetent zu sein. Im Augenblick tun wir wenig dafür, dass die Menschen diese Fähigkeit erwerben. Wenn wir es weiter unterlassen, den Menschen dabei zu helfen, Risiken klar einzuschätzen und vernünftig mit ihnen umzugehen, statt sich zu ängstigen, bekommen wir ein Problem.

Unsere Welt wird immer unübersichtlicher. Aber ist sie auch gefährlicher?

Wir haben neue Arten von Gefahren, die mit der schnellen Digitalisierung und dem globalen Terrorismus zusammenhängen. Aber ich würde nicht sagen, dass wir heute in einer gefährlicheren Zeit leben als früher. Wir werden älter als je zuvor, wir sind gesünder als je zuvor, die Kindersterblichkeit ist zurückgegangen – in vielerlei Hinsicht geht es uns besser. Das ist der erste Punkt der Risikokompetenz: zu verstehen, wo die wahren Gefahren liegen.

Was ist denn wirklich gefährlich für uns?

Die größte Gefahr in Deutschland ist jedenfalls nicht der islamistische Terrorismus. Was wirklich stark zunimmt, das sind Fälle, in denen Menschen durch mangelnde

Kontrolle über ihre digitalen Geräte andere gefährden. Wir haben noch keine genauen Zahlen, aber es wird geschätzt, dass in Deutschland jeden Tag ein Mensch stirbt, weil jemand am Steuer Nachrichten auf dem Smartphone liest oder gar eintippt. Allein diese eine Form fahrlässigen Verhaltens stellt für jeden von uns eine viel größere Lebensgefahr dar als der Terrorismus.

Sie sagen, Risikokompetenz kann jeder lernen. Wie geht das?

Zuerst sollten wir uns wie gesagt kundig machen, was wirklich die größten Gefahren sind – hier geht es um Risikointelligenz. Genauso wichtig ist es, die eigenen Emotionen zu verstehen und zu wissen, wer unsere Ängste fernsteuert. In Donald Trumps Wahlkampf wurde massiv Fremdenangst geschürt, Fremde wurden weitgehend mit Terroristen gleichgesetzt. Die große Angst, die viele Amerikaner vor Terroristen haben, ist ursprünglich nicht ihre eigene Angst. Sie diente Wahlkampfzwecken. Zwischen 2005 und 2015 starben 301 797 Amerikaner durch Schusswaffen und nur 94 durch islamistische Terroristen. Die Angst wurde auf den Terrorismus gelenkt, während die Schusswaffenindustrie profitiert. [...]

Welche Rolle spielen die Medien mit Blick auf die Risikokompetenz?

Medien versuchen oft Angst zu machen, sie schwimmen dabei auf Wellen: Angst verkauft sich gut. Jede dieser Wellen dauert im Schnitt neun Monate, dann kommt das nächste Thema dran.

Wie sollte eine Berichterstattung aussehen, die den Menschen weniger Angst macht?

Es hat keinen Sinn, terroristische Attacken totzuschweigen. Aber sie nehmen viel zu viel Platz ein. Denn ein Ziel des IS ist es ja, uns allen Angst zu machen. Es geht dem IS darum, unsere Gesellschaft zu destabilisieren, und hier werden die Medien ungewollt zum Werkzeug des IS.

Quelle: Anja Tröster, Terrorangst in Deutschland „Wir sollten die wahren Gefahren kennen", Stuttgarter Zeitung, 07. 03. 2017, https://www.stuttgarter-zeitung.de/inhalt.terrorangst-in-deutschland-wir-sollten-die-wahren-gefahren-kennen.d7df18d5-a7c3-494b-bd80-f7aaad36ee27.html (gekürzt)

Task V: Argumentative Writing (24)

Choose **one** of the following topics. Write **at least 200 words**.

1 Composition

In recent elections European countries have experienced a very low voter turnout among young people.
Would more people be interested in politics if their right to vote was changed into a duty to vote? Discuss.

2 Composition

Picture-editing software such as Photoshop – a blessing or a curse?

Lösungsvorschlag

READING

Task I: Multiple Choice (Spanish thrives in the U.S.)

TIPP

- **Zu 1:** Der Autor betont im ersten Absatz die Selbstverständlichkeit des Gebrauchs („very common") von Spanisch in den USA (Kaufhausmusik, Geschäftsnamen, Verkaufsgespräche). Die weiteren Optionen lassen sich ausschließen:
  Option A: keine Anhaltspunkte für „more popular than English"
  Option B: Der historische Verweis auf die Besiedelung durch spanische Glücksritter vor 400 Jahren (vgl. Z. 1/2) ist nur ein Detail.
  Option D: Es ist nicht die Rede von „many different Spanish-speaking countries", es werden nur Puerto Rico und Nordmexiko erwähnt.
- **Zu 2:** Option B: Die spanischsprachigen TV-Sendeanstalten wie Univision konkurrieren mit den großen amerikanischen Sendern wie ABC und erzielen dabei hohe Quoten (vgl. Z. 15/16).
  Option C: Man kann durchaus behaupten, dass das politische Klima in den USA fremdenfeindlicher („more xenophobic") geworden ist, denn eine Reihe von Bundesstaaten hat Englisch zur einzigen Amtssprache gemacht und ein Grund für Trumps Wahlsieg war sein Vorhaben, eine Mauer entlang der Grenze zu Mexiko zu errichten (vgl. Z. 17–21).
  Option D: Dass Spanisch in den USA einen festen Platz („persistent") erobert hat, zeigt sich in folgender Formulierung: „remarkable endurance of Spanish" (Z. 11/12).
- **Zu 3:** Am Ende von Absatz (D) werden verschiedene Faktoren genannt, die Spanisch in den USA boomen lassen (vgl. Z. 34–37): die Einwanderung aus Lateinamerika, historische Gründe, die weltweite Verbreitung und Bedeutung („global reach") und die hohe Mobilität innerhalb der spanischsprachigen Welt
- **Zu 4:** Der Formulierung in Option B („include stopping a program for intercultural education") entspricht im Text die Passage „ban the state's Mexican-American studies program" (Z. 41).
  Option A: falsch, da ein Richter Einspruch erhob („A judge pushed back …" Z. 40)
  Option C: falsch, da der Vorschlag auf ein Totalverbot abzielt („all Spanish-language media should be silenced", Z. 39/40) und nicht auf eine Ächtung dieser

Medien („condemnation"); zudem handelt es sich lediglich um den Vorschlag eines Schuldirektors (vgl. Z. 39/40).
Option D: kein Hinweis im relevanten Absatz (E) auf durchgängigen Rassismus („always boosted by racist thinking"); lediglich das Urteil zum Aussetzen eines Austauschprogrammes verweist auf rassistische Motive (vgl. Z. 40–42).

- **Zu 5:** In Absatz (F) geht es um neue Varianten des Spanischen: „taking the language in new directions" (Z. 44), „a new dialect has coalesced" (Z. 46), „an influx of […] immigrants is […] reshaping a variant of Spanish" (Z. 47–49).
- **Zu 6:** Die Ojos Locos Sportbar ist ein gewölbeartiger Raum („cavernous", Z. 50), also eher dunkel und nicht hell und von Licht durchflutet, wie es die Formulierung „well-lit" nahelegt.
- **Zu 7:** Die Formulierung „English and Spanish are in bed with each other, a contact that is both generative and exciting" (Z. 77/78) bedeutet, dass es eine enge und befruchtende („generative") Beziehung zwischen den beiden Sprachen gibt, von der das Spanische profitieren kann.

1 In the first paragraph the author's main intention is to show that …
C ☒ Spanish has become very common in parts of the U.S.

2 Which of the following is **not** mentioned in paragraph B?
A ☒ The annual number of residence permits has been limited.

3 In the U.S., Spanish has …
B ☒ seen a boom because of various factors.

4 Political proposals against the Spanish tongue …
B ☒ include stopping a program for intercultural education.

5 Which heading summarizes the information provided in paragraph F best?
D ☒ New versions of Spanish in the U.S.

6 Which of the following statements is **not** mentioned? Ojos Locos sports bar …
D ☒ offers sports broadcasts in a well-lit environment.

7 Towards the end of the text the author states that …
C ☒ Spanish might profit from mixed-language relationships.

1 **TIPP**

Achten Sie beim *Gapped Summary* auf folgende Angaben: „one word per line", „from the corresponding sections of the text" und "Do not make any changes."

- **anxiety (Z. 17):** Bezugspunkte zwischen *Gapped Summary* (GS) und Originaltext (OT) sind: "He had thought he knew the country he migrated to." (GS) vs. "I [...] believed that I understood this place" (OT Z. 18/19)
- **astounding (Z. 24):** Bezugspunkte zwischen GS und OT sind: „brotherhood" (GS) vs. „fraternity" (OT Z. 24); „diversity and multi-nationality" (GS) vs. „an assortment of human beings so broad in origin" (OT Z. 25/26)
- **toolkit (Z. 31):** Bezugspunkte sind: „guidelines" (GS) vs. „unwritten rules" (OT Z. 30); „which helps him to survive" (GS) vs. „for getting by" (OT Z. 31)
- **entitled (Z. 5):** Bezugspunkte sind: „considered himself to be" (GS) vs. „felt" (OT Z. 5); „to torment Muslims" (GS) vs. „to harass Muslims" (OT Z. 5)
- **subjected (Z. 11):** Bezugspunkte sind: „as a Muslim in the USA" (GS) vs. „as a Muslim in the U.S." (OT Z. 11); „to other people's opinions of who you are" (GS) vs. „to a [...] definition of what it is you are" (OT Z. 12)

When he moved to the USA a few years ago, the Canadian Egyptian novelist and journalist Omar El Akkad did not feel too much **anxiety (l. 17)** about his future life. He had actually thought he knew the country he migrated to. It was only later that he recognized that this was not the case.
As it turned out, the move to the U.S. affected his whole identity: he had to realize that people there actually thought him to be "brown". To him it was an **astounding (l. 24)** brotherhood due to its diversity and multi-nationality: people from all over the world, all thrown into one pot by this label.
Today, he has to adhere to various guidelines which dictate him how to behave in public to stay out of trouble. Using this little **toolkit (l. 31)**, which helps him to survive, is definitely exhausting as it includes avoiding overtly racist people, always being able to show valid identification and trying to blend in at all cost.
Even when following all these rules, one can easily become a victim of an Islamophobic crime. The Portland killer, for example, murdered two people simply because he considered himself to be **entitled (l. 5)** to torment Muslims. And even if you do not encounter open hate, as a Muslim in the USA you are **subjected (l. 11)** to other people's opinions of who you are. This does not make it any easier to enjoy your life there at all.

2 **TIPP**

- **Zu 2.1:** Die Frage bezieht sich auf den Kontext von „end to segregation" (Z. 56) und „internment camps" (Z. 56).
  Beachten Sie, dass „rationale" (Z. 54) im Deutschen nicht ‚rational', sondern ‚Argumentationsgrundlage' bedeutet.
- **Zu 2.2:** Er bezeichnet die Reaktion des Präsidenten als „half-hearted" (Z. 65) und schreibt, „it came with a wink and a nod" (Z. 66), also mit einem Augenzwinkern und einem (leise zustimmenden) Nicken.
- **Zu 2.3:** Da die Regierung und ihre Anhänger („an administration whose leaders and supporters", Z. 71) regelmäßig andere Minderheiten attackieren ("One week the ball might land on immigrants, the next on the transgender community, the next on black or brown people, Muslims, Jews", Z. 68/69), kann man sich nie sicher fühlen.

2.1 Wenn man inhumane Einstellungen anprangert, muss man mit moralischen Grundsätzen argumentieren und nicht allein pragmatisch. Beispielsweise darf man Rassentrennung nicht mit dem rein praktischen Argument ablehnen, dass sie ökonomisch ineffizient sei.

2.2 Dass Trump die Tat nur halbherzig verurteilte/missbilligte.
Alternative: Dass Trump weiße Rassisten mit seiner halbherzigen Reaktion förmlich zu weiteren solchen Taten ermunterte.

2.3 Als Angehöriger einer Minderheit fühlt man sich der Willkür der Trump-Regierung und seiner Anhänger wehrlos ausgeliefert. Man muss jederzeit damit rechnen, attackiert zu werden.

Task III: Mixed Reading Tasks (The White Tiger) (7)

1 **TIPP**

- **Zu 1:** Bezug zwischen „hadn't been paid his salary in six months" (Z. 6) und „retrieve his missing wages" (= Auszahlung des ausstehenden Lohns)
- **Zu 2:** Der Lehrer hat zwar „Dreck am Stecken" („dung heap" = Misthaufen), denn er hat z. B. Schuluniformen zu Geld gemacht, aber niemand hält ihm das vor („no one blamed the school teacher" Z. 12), denn er kann gewissermaßen nichts dafür, da man ihm sein Gehalt nicht zahlt. ("You can't expect a man in a dung heap to smell sweet," bedeutet hier, dass man nicht erwarten kann, dass jemand in einem korrupten System den Regeln folgt.)

- **Zu 3:** Das ist grammatikalisch und inhaltlich die einzig sinnvolle Lösung, da der Nebensatz ein Subjekt und ein Verb enthalten muss. Zwar wäre dies auch bei F der Fall, dieser Satzteil passt jedoch inhaltlich nicht in den Kontext.
- **Zu 4:** Im ersten Teil des Satzes findet sich eine Reihe von Beschreibungen äußerer Merkmale („spiky white hair", „chubby cheeks", „earrings" Z. 39/40), die mit „the face glowed" fortgesetzt wird.
- **Zu 5:** Der Junge hat sich mit seinen richtigen Antworten als klug („intelligent") erwiesen und konnte als einziger die Fragen des Mannes beantworten. Seine Mitschüler waren dazu nicht in der Lage („crowd of […] idiots").
- **Zu 6:** Bezug zwischen „the […] law of life in the darkness" und „good news becomes bad news" (Z. 62)

GAP	1	2	3	4	5	6
Part of Sentence	**H**	**D**	**A**	**F**	**B**	**G**

2 Er muss helfen, ein Darlehen beim Kreditgeber abzuarbeiten. (vgl. Z. 80–83)

WRITING

Task IV: Mediation Deutsch – Englisch (Terrorangst in Deutschland)

In the 21st century, risk competence will be really important because there are new kinds of dangers due to rapid digitalisation and global terrorism. (In the 21st century, risk competence will be a significant skill since rapid digitalisation and global terrorism involve new kinds of hazards.)
Generally, life is no more dangerous today than it was in the past. (All things considered, modern-day life is no more dangerous than it used to be.)
On the contrary, we are healthier today and the death rate among children has decreased. (Rather, the opposite is true: we live healthier lives than ever and the infant mortality rate has declined.)
However, there has been a huge increase in the number of cases in which people do not have control over their digital devices and, as a result, endanger other people. (Yet, the number of cases has risen significantly in which people lack control over their digital devices, thus putting others at risk.)
Therefore, we need to find out more about what the biggest dangers actually are, and it is equally important to understand our own emotions.
The media often try to spread fear among people (to fuel people's fears, to arouse feelings of concern) because fear sells.
It is no use ignoring terrorist attacks, but they receive too much media attention (but there is too much focus on them).

The media have thus become tools in the hands of ISIS, without wanting to. (The media are therefore unintentionally assisting ISIS in achieving their goals.) *(about 150 words)*

Task V: Argumentative Writing

1 **TIPP**

Der Aufgabentyp „Discuss …“ verlangt die Auseinandersetzung mit Pro und Kontra.

Möglicher Aufbau:

(1) Kurze Hinführung zum Thema
(2) Argumente für Wahlpflicht:
- Voting is a core element of democracy.
- The duty to vote may lead to more people thinking about political and social issues.

(3) Argumente gegen Wahlpflicht:
- Freedom is a core principal of democracy.
- Compulsion does not stimulate interest.
- Abstention is a kind of protest vote.

(4) Abrunden des Aufsatzes mit Resümee, persönlicher Einschätzung o. Ä.

When in June 2016 a slim majority of British people voted 'Leave' in the Brexit referendum, the voter turnout was significantly below average among young adults, which is considered one of the main reasons why the 'Leave' campaign was successful in the end. Did young British people simply show too little interest? Would a duty to vote have produced a more representative result? Could a duty to vote turn indifferent people into enthusiastic citizens?

Without doubt, the act of voting is one of the core elements of a democracy. There is no democracy without citizens making use of their right to vote. A true citizen must not neglect their duties and they must care about public welfare. After all, a working democracy is in their best interest. If some of them do not care, why not make them care?

Additionally, compulsory voting has the potential to cause people to make more effort. They might deal with political issues more often and in more depth. If people knew they had to take part in an election, at least a considerable percentage would be interested in being properly prepared.

Yet, there is another core principal of democracy: freedom. The freedom to make decisions not only means one can decide which party or politician to vote for, but includes the essential and inalienable right not to vote.

Apart from that, experience shows that forcing people to do something does not usually stir their interest or increase their awareness, but may instead lead to aversion and persistent refusal.

Last but not least, abstention from voting is a legitimate means of expressing dissatisfaction with the range of parties and politicians offered. I would rather see citizens occasionally abstain from their right to vote than cast their vote for radical or extremist parties in a system of compulsory voting.
Very few countries in the world have decided to make voting compulsory. In my opinion, the countries which have opted against it have made the better choice. The freedom of decision-making includes making no decision at all, even though that may seem to make no sense. *(349 words)*

2 **TIPP**

Möglicher Aufbau:
(1) Kurze Hinführung zum Thema
(2) Curse:
- Manipulation of public opinion on controversial topics
- Huge potential for mobbing
- Obsession with perfect appearance
(3) Blessing:
- Unflattering details in pictures can be removed
- Artistic design of photos like in paintings
(4) Abrunden des Aufsatzes mit einem Fazit, Ausblick, Appell o. Ä.

In the wake of the dreadful 09/11 attacks, an odd selfie went viral. It showed a young man on the lookout platform of a World Trade Center tower, smiling into the camera while a plane was approaching from behind, just about to crash into the building. The photo turned out to be a photo-shopped fake and already showed the enormous potential for improper use back then.
There is no doubt that picture-editing software can be a great curse for several reasons. By manipulating pictures, one can influence political attitudes and public opinion. In the course of the 2015 refugee crisis, thousands of photos went around on the Internet with the sole purpose of denouncing refugees and stirring trouble and hatred. Furthermore, that propaganda was at least partly successful, as can be seen by the success of right-wing parties and politicians in Germany, Austria, Italy and elsewhere. Moreover, editing software has huge potential when it comes to bullying. People can be put into awkward or criminal contexts, and publishing such photos on social media platforms can damage reputations, ruin careers and families or, worst of all, drive people to commit suicide.
Furthermore, editing software is a tempting thing when it comes to the perfect appearance, at least in photos. Increasingly, people tend to be dissatisfied with what they are and how they look. Photoshop helps them create an ideal self-image, but reality will never hold out against illusions.
Is there anything positive about Photoshop? It helps to remove minor unflattering details like a pimple or a stain on your shirt in an application photo or on an election

poster. Moreover, for the creatively talented it offers a wide range of possibilities regarding the design of a photo, so it can become something like a piece of art.
Given its potential for improper use, I think that such software is rather a curse than a blessing. Only if people were able to use it wisely could it be a real blessing …

(332 words)

READING

Text I Michael Ondaatje: Warlight (excerpt)

In 1945 our parents went away and left us in the care of two men who may have been criminals. We were living on a street in London called Ruvigny Gardens, and one morning either our mother or our father suggested that after breakfast the family have a talk, and they told us that they would be leaving us and going to Singapore for a year. [**GAP 1**] We would of course be well cared for in their absence. I remember our father was sitting on one of those uncomfortable iron garden chairs as he broke the news, while our mother, in a summer dress just behind his shoulder, watched how we responded. After a while she took my sister Rachel's hand and held it against her waist, as if she could give it warmth.

Neither Rachel nor I said a word. We stared at our father, who was expanding on the details of their flight on the new Avro Tudor I, a descendant of the Lancaster bomber, which could cruise at more than three hundred miles an hour. [**GAP 2**] He explained he had been promoted to take over the Unilever office in Asia, a step up in his career. It would be good for us all. He spoke seriously and our mother turned away at some point to look at her August garden. After my father had finished talking, seeing that I was confused, she came over to me and ran her fingers like a comb through my hair.

I was fourteen at the time, and Rachel nearly sixteen, and they told us we would be looked after in the holidays by a guardian, as our mother called him. They referred to him as a colleague. We had already met him – we used to call him "The Moth," a name we had invented. [**GAP 3**] Rachel had already told me she suspected he worked as a criminal.

The arrangement appeared strange, but life still was haphazard and confusing during that period after the war; so what had been suggested did not feel unusual. We accepted the decision, as children do, and The Moth, who had recently become our third-floor lodger, a humble man, large but moth-like in his shy movements, was to be the solution. Our parents must have assumed he was reliable. [**GAP 4**]

I suppose there had once been an attempt to make us a tightly knit family. Now and then my father let me accompany him to the Unilever offices, which were deserted during weekends and bank holidays, and while he was busy I'd wander through what seemed an abandoned world on the twelfth floor of the building. [**GAP 5**] There was nothing in the wastepaper baskets, no pictures on the walls, although one wall in his office held a large relief map depicting the company's foreign locations: Mombasa, the Cocos Islands, Indonesia. And nearer to home, Trieste, Heliopolis, Benghazi,

Alexandria, cities that cordoned off the Mediterranean, locations I assumed were under my father's authority. Here was where they booked holds on the hundreds of ships that travelled back and forth to the East. The lights on the map that identified those cities and ports were unlit during the weekends, in darkness much like those far outposts.

At the last moment it was decided our mother would remain behind for the final weeks of the summer to oversee the arrangements for the lodger's care over us, and ready us for our new boarding schools. [**GAP 6**] He had suggested a long walk, since, he said, for the next few days his body would be humbled on a plane. So we caught a bus to the Natural History Museum, then walked up through Hyde Park into Mayfair. He was unusually eager and cheerful, singing the lines *Homespun collars, homespun hearts, Wear to rags in foreign parts,* repeating them again and again, almost jauntily, as if this was an essential rule. What did it mean? I wondered. I remember we needed several keys to get into the building where the office he worked in took up that whole top floor. I stood in front of the large map, still unlit, memorizing the cities that he would fly over during the next few nights. Even then I loved maps. He came up behind me and switched on the lights so the mountains on the relief map cast shadows, though now it was not the lights I noticed so much as the harbours lit up in pale blue, as well as the great stretches of unlit earth. It was no longer a fully revealed perspective, and I suspect that Rachel and I must have watched our parents' marriage with a similar flawed awareness. [**GAP 7**] We were used to partial stories. Our father had been involved in the last stages of the earlier war, and I don't think he felt he really belonged to us.

As for their departure, it was accepted that she had to go with him: there was no way, we thought, that she could exist apart from him – she was his wife. [**GAP 8**] And as they explained, we could not suddenly leave the schools into which we had been admitted with so much difficulty. Before his departure we all embraced our father in a huddle, The Moth having tactfully disappeared for the weekend.

So we began a new life. *(895 words)*

Michael Ondaatje, Warlight. New York, 2018. pp. 5–8

Task I: Multiple Matching (Warlight) (8)

There are eight gaps in the text. In the grid below, match A to L with gaps 1 to 8. There are three extra options that do not fit.

GAP	1	2	3	4	5	6	7	8
Sentence								

	Sentences for multiple matching
A	As to whether The Moth's criminality was evident to them, we were not sure.
B	I discovered all the office drawers were locked.
C	It was where the Moth had first worked with our mother.
D	They would have to land and change planes at least twice before arriving at their destination.
E	On the Saturday before he flew alone towards that distant world, I accompanied my father once more to the office near Curzon Street.
F	Ours was a family with a habit for nicknames, which meant it was also a family of disguises.
G	Not too long, they said, but it would not be a brief trip either.
H	Then suddenly she had to leave, for some reason sooner than expected.
I	There would be less calamity, less collapse of the family if we were left behind as opposed to her remaining in Ruvigny Gardens to look after us.
K	They had rarely spoken to us about their lives.
L	The Moth was more animated on the street, the eyes behind his spectacles taking in everything.

Text II Something old, something new (from the Bagehot column)

(A) A royal wedding is as good a time as any to conduct an audit of the British constitution. Walter Bagehot, the editor of *The Economist* in 1860–77, argued that the constitution was divided into two branches. The monarchy represents the "dignified" branch. Its job is to symbolise the state through pomp and ceremony. The government – Parliament, the cabinet and the civil service – represents the "efficient" branch. Its job is to run the country by passing laws and providing public services. The dignified branch governs through poetry, and the efficient branch through prose. Today, the dignified branch is adapting to an age of populism much better than the efficient branch.

(B) Twenty-odd years ago it looked as if the monarchy was in an advanced state of decomposition. The ill-starred marriage of Prince Charles and Diana Spencer undermined the monarchy's claim to unify the country through dignity. The couple's squabbles divided supporters of Diana from a much smaller group of supporters of Charles, and provided the tabloid press with a rich (and sickening) diet of gossip. The Queen capped it all with her handling of Diana's death. She said nothing for five days, burning decades of goodwill with her silence.

(C) The Charles and Di debacle was one of several. Prince Andrew and his ex-wife, Sarah Ferguson, were derided as "Airmiles Andy" and "Freebie Fergie". The Queen and Prince Philip looked out of place in "Cool Britannia". Prince Charles's determination to marry Camilla Parker Bowles, with whom he had conducted an affair while married to Diana, further alienated the public.

(D) At the same time, the efficient branch went from strength to strength. Tony Blair and Gordon Brown modernised the Labour Party and went on to modernise the state, giving the Bank of England its freedom, devolving power to Scotland, Wales and Northern Ireland and spring-cleaning government departments. The efficient branch even had to step in to save the dignified branch from itself. Mr Blair pronounced Diana "the people's princess" as the Queen remained in her Scottish castle, and persuaded the Palace to set up a committee to look at the Crown's future.

(E) Today the situation has been reversed. The efficient branch is in its worst state since the 1970s. The two main parties have been captured by their extremes. The prime minister lacks authority. Westminster has been rocked by scandals about sexual harassment and bullying. The Home Office is in turmoil. The government is preparing for Brexit, its most complicated task since the Second World War, without a majority in the Commons or a consensus in its own ranks.

(F) Brexit has confronted the efficient branch with an existential crisis. By calling the referendum, David Cameron not only betrayed the efficient branch's guiding principle (that you keep the most difficult decisions for yourself) but also opened the door to a populist revolt. The efficient branch now has an agonising choice: implement a policy that it believes to be foolish, or frustrate the "will of the people". Hence the paralysis – and the preoccupation with damage-limiting fudges.

(G) The dignified branch, by contrast, is thriving. The Queen represents stability in an unstable world, as well as unity in a polarised one. She has spent 66 of her 92 years on the throne and has survived 12 prime ministers and innumerable political crises. The royal household has done a good job of moving Prince Andrew and his ilk into the background and replacing them with a new generation. Prince William and Kate Middleton look exactly like the dignified mannequins that Bagehot's constitution demands.

(H) The marriage of Prince Harry and Meghan Markle is likely to be another brilliant chapter in this story of renewal. There are blemishes; Ms Markle's family look almost as strange as the Windsors. But the happy couple nevertheless offer the dignified branch a chance to reinvent itself for a more multicultural and touchy-feely age. Ms Markle is a mixed-race American divorcee. As an actress, she has had the ideal training for her odd new career. Harry combines an easy charm with a sense of vulnerability, talking openly about undergoing therapy to recover from the horrors of his upbringing, particularly his mother's death.

(I) The dignified branch nevertheless has a problem waiting in the wings, in the form of the future Charles III. A new book by Tom Bower, "Rebel Prince", paints an unflattering picture of the world's oldest intern. Charles is both entitled and whiny. He lives in six houses but complains about his lot. He is astonishingly selfish, fretting about global warming while travelling by private jet.

(J) The really worrying thing about Charles is not that he is a weak man but that he is a surprisingly strong one. He has a wacky but well-worked-out philosophy: New Ageism meets neo-feudalism. He has a record of getting what he wants. He forced a reluctant establishment to accept the "horsey home-wrecker", Camilla, as his wife. He takes on what he regards as vested interests, berating architects for building carbuncles, opposing genetically modified crops and savaging modern educational theories. He has advanced his causes by writing to politicians and lobbying behind the scenes. This would be manageable if his beliefs were all barmy. The problem is that some of them, like his environmentalism, have proved both popular and prescient.

(K) Being both determined and right is a wonderful thing in a politician but a dangerous one in a constitutional monarch – particularly when determination shades into pigheadedness and rightness comes with a hefty dose of foolishness. Charles would be well advised to spend the rest of his internship digesting Walter Bagehot's great book, "The English Constitution", which lays out, in pellucid prose, not only what a modern monarch should do but also what he shouldn't. Otherwise, he may find himself doing to the dignified branch what the referendum has already done to the efficient.

(975 words)

https://www.economist.com/britain/2018/05/19/the-monarchy-is-at-its-strongest-in-years-unlike-the-government

Task II: Multiple Choice (Something old, something new) (8)

Mark the most suitable option by crossing the appropriate letter.

1 According to paragraph A …

- **A** ☐ royal ceremonies strengthen the acceptance of the British constitution in society.
- **B** ☐ there is no real division of power in the UK as the constitution only has two branches.
- **C** ☐ royal weddings provide an opportunity to review the British constitution.
- **D** ☐ the monarchy today is being criticized for speaking with the people's voice.

2 Which of the following does **not** describe the British monarchy of the late 1990s?

- **A** ☐ It had difficulties in fulfilling certain self-defined ambitions.
- **B** ☐ It was rescued by the monarch's skilful manoeuvring.
- **C** ☐ It was shaken by the behaviour of certain members of the royal family.
- **D** ☐ It had lost a great deal of the British people's support.

3 At the end of the last century, the British government …

- **A** ☐ was becoming too dominant.
- **B** ☐ unwillingly lost control over some parts of the UK.
- **C** ☐ decentralized the country.
- **D** ☐ took some tough and unpopular measures.

4 Which of the following headings best summarizes paragraphs D and E?

- **A** ☐ History repeating itself
- **B** ☐ An insoluble situation
- **C** ☐ Country in unprecedented crisis
- **D** ☐ Past success and present mess

5 According to paragraph F, Brexit is …

- **A** ☐ the reason for the poor state the country is in.
- **B** ☐ a dilemma that can hardly be overcome.
- **C** ☐ a decision that has betrayed the British people.
- **D** ☐ a likely cause for future uprisings against the state.

6 Which is **not** a reason why the monarchy is so strong today? It has …

A ☐ put new emphasis on traditional values.

B ☐ undergone a successful modernisation process.

C ☐ embraced diversity and revealed emotions.

D ☐ been blessed by the Queen's long reign.

7 In a recent book, Prince Charles was criticized for his …

A ☐ frequent inconsistency.

B ☐ future ambitions.

C ☐ backwardness.

D ☐ single-mindedness.

8 The author of the article …

A ☐ praises Charles for the regal attitude he often displays in public matters.

B ☐ advises the monarchy to follow the example the government has given.

C ☐ states that Prince Charles is not sufficiently qualified to be the future monarch.

D ☐ warns that certain character traits of Charles may be detrimental to the monarchy.

Text III Jacob Mikanowski: Behemoth, bully, thief: how the English language is taking over the planet

(A) On 16 May, a lawyer named Aaron Schlossberg was in a New York cafe when he heard several members of staff speaking Spanish. He reacted with immediate fury, threatening to call US Immigration and Customs Enforcement and telling one employee: "Your staff is speaking Spanish to customers when they should be speaking English … This is America." A video of the incident quickly went viral, drawing widespread scorn. The Yelp page for his law firm was flooded with one-star reviews, and Schlossberg was soon confronted with a "fiesta" protest in front of his Manhattan apartment building, which included a crowd-funded taco truck and mariachi band to serenade him on the way to work.

(B) As the Trump administration intensifies its crackdown on migrants, speaking any language besides English has taken on a certain charge. In some cases, it can even be dangerous. But if something has changed around the politics of English since Donald Trump took office, the anger Schlossberg voiced taps into deeper roots of nativism. Elevating the English tongue while denigrating all other languages has been one of the pillars of English and American nationalism for well over a hundred years. It's a strain of linguistic exclusionism heard in Theodore Roosevelt's 1919 address to the American Defense Society, in which he proclaimed that "we have room for but one language here, and that is the English language, for we intend to see that the crucible turns our people out as Americans, of American nationality, and not as dwellers in a polyglot boardinghouse".

(C) As it turned out, Roosevelt had things almost perfectly backwards. A century of immigration has done little to dislodge the status of English in North America. If anything, its position is stronger than it was a hundred years ago. Yet from a global perspective, it is not America that is threatened by foreign languages. It is the world that is threatened by English.

(D) Behemoth, bully, loudmouth, thief: English is everywhere, and everywhere, English dominates. From inauspicious beginnings on the edge of a minor European archipelago, it has grown to vast size and astonishing influence. Almost 400 m people speak it as their first language; a billion more know it as a secondary tongue. It is an official language in at least 59 countries, the unofficial lingua franca of dozens more. No language in history has been used by so many people or spanned a greater portion of the globe. It is aspirational: the golden ticket to the worlds of education and international commerce, a parent's dream and a student's misery, winnower of the haves from the have-nots. It is inescapable: the language of global business, the internet, science, diplomacy, stellar navigation, avian pathology. And everywhere it goes, it leaves behind a trail of dead: dialects crushed, languages forgotten, literatures mangled.

(E) One straightforward way to trace the growing influence of English is in the way its vocabulary has infiltrated so many other languages. For a millennium or more, English was a great importer of words, absorbing vocabulary from Latin, Greek, French, Hindi, Nahuatl and many others. During the 20th century, though, as the US became the dominant superpower and the world grew more connected, English became a net exporter of words. In 2001, Manfred Görlach, a German scholar who studies the dizzying number of regional variants of English – he is the author of the collections Englishes, More Englishes, Still More Englishes, and Even More Englishes – published the Dictionary of European Anglicisms, which gathers together English terms found in 16 European languages. A few of the most prevalent include "last-minute", "fitness", "group sex", and a number of terms related to seagoing and train travel.

(F) In some countries, such as France and Israel, special linguistic commissions have been working for decades to stem the English tide by creating new coinages – to little avail, for the most part. (As the journalist Lauren Collins has wryly noted: "Does anyone really think that French teenagers, per the academy's diktat, are going to trade out 'sexting' for *texto pornographique*?") Thanks to the internet, the spread of English has almost certainly sped up.

(G) The gravitational pull that English now exerts on other languages can also be seen in the world of fiction. The writer and translator Tim Parks has argued that European novels are increasingly being written in a kind of denatured, international vernacular, shorn of country-specific references and difficult-to-translate wordplay or grammar. Novels in this mode – whether written in Dutch, Italian or Swiss German – have not only assimilated the style of English, but perhaps more insidiously limit themselves to describing subjects in a way that would be easily digestible in an anglophone context.

(H) Within the anglophone world, that English should be the key to all the world's knowledge and all the world's places is rarely questioned. The hegemony of English is so natural as to be invisible. Protesting it feels like yelling at the moon. Outside the anglophone world, living with English is like drifting into the proximity of a supermassive black hole, whose gravity warps everything in its reach. Every day English spreads, the world becomes a little more homogenous and a little more bland.

(860 words)

Jacob Mikanowski: Behemoth, bully, thief: how the English language is taking over the planet, https://www.theguardian.com/news/2018/jul/27/english-language-global-dominance, Copyright Guardian News & Media Ltd 2019

Task III: Mixed Reading Tasks (Behemoth, bully, thief: ...) (8)

1 Gapped Summary (6)

Fill the gaps in the summary with appropriate words or expressions (one word per line) from the corresponding sections of the text. Do not make any changes or adjustments. Please also provide the number of the line in which you have found the word/expression.

In the US, speaking one common language has always been seen as a ____________ (l. ___) – the metaphor for forming a nation out of immigrants with different cultural and linguistic backgrounds. This concept is reflected by Aaron Schlossberg's reaction when he heavily criticized the behaviour of service staff who talked to guests in a New York cafe in Spanish. Schlossberg's attitude exemplifies the notion of ____________ ____________ (l. ___), which is typical of American nationalism and which has gained momentum with Trump's presidency. The author of the article, however, does not share the fear that long-lasting ____________ (l. ___) has endangered the predominance of English in the US. On the contrary, he is convinced that English has become the uncontested global language, and the word pool of many other languages has been ____________ (l. ___) by English words. Some nations try to lessen the impact of English by coming up with ____________ (l. ___) of their own, but it seems they are fighting a losing battle. It is not only vocabulary that has been affected, but also literature. Increasingly, novelists refrain from playing with the characteristics of their languages and cultures and ____________ ____________ (l. ___) to an art of storytelling that can be received effortlessly in the English-speaking world.

2 Mediation Englisch – Deutsch (2)

Bearbeiten Sie die folgende Aufgabe auf Deutsch.

Erläutern Sie aus dem Textzusammenhang den Vergleich "living with English is like drifting into the proximity of a supermassive black hole" (Absatz H).

____

____

____

____

WRITING

Text Weltbürgerbewegung – Der Mann, der die Menschheit einte

Der wichtigste Text der Menschheitsgeschichte ist knapp 1 300 Wörter lang und passt auf drei DIN-A4-Seiten. Am 10. Dezember 1948 wurde, gegen alle Wahrscheinlichkeit, die „Allgemeine Erklärung der Menschenrechte“ verabschiedet – ohne rechtlich bindend zu sein. […]

Der unwahrscheinlichste Geburtshelfer des unwahrscheinlichen Textes aber war der Broadway-Schauspieler Garry Davis. Im Mai 1948 hatte Davis, unter dem Eindruck seiner Erlebnisse als US-Bomberpilot im Zweiten Weltkrieg, seinen US-Pass abgegeben und sich zum „Weltbürger Nr. 1“ erklärt. Während in Paris die Uno-Vollversammlung tagte, quartierte er sich auf dem Konferenzgelände ein, freundlich versorgt von Passanten und Anwohnern. Unterstützt wurde Davis von Intellektuellen, Anarchisten, Gewerkschaftern, Künstlern und Aktivisten, darunter André Breton und Albert Camus.

Am 18. November 1948 verschafften sich Davis und mehrere seiner Mitstreiter Zugang zum Konferenzsaal. Während einer Rede des jugoslawischen Delegierten begann Davis von der Galerie aus, lautstark eine Erklärung vorzutragen: „Delegierte, ich unterbreche Sie hiermit im Namen des Weltvolkes, das hier nicht vertreten ist …“. Weiter kam er nicht. Er wurde gepackt und abgeführt. Während Davis in Haft landete, verlasen seine Begleiter im Sitzungssaal die mehrsprachige Erklärung. Sie forderten eine „Weltregierung“, denn „die souveränen Staaten, die Sie vertreten, trennen uns und führen uns zum Abgrund des allumfassenden Krieges“. Kurz darauf trafen Solidaritätsbekundungen für die Weltbürgerbewegung ein, unter anderem von Albert Einstein und Albert Schweitzer. Die Idee eines gemeinsamen Menschheitsschicksals war in der Welt.

Während die Uno in den folgenden Wochen, gespalten durch den heraufziehenden Kalten Krieg, um die Menschenrechte rang, gingen die Pariser auf die Straße. Auch in anderen europäischen Städten, etwa Brüssel und London, bildeten sich Vereinigungen mit Tausenden Mitgliedern, die Davis und die Weltbürger-Erklärung unterstützten. Als Davis am 3. Dezember, wieder in Freiheit, in der Pariser Salle Pleyel sprach, kamen 3 000. Am 9. Dezember versammelten sich sogar 20 000 Davis-Fans im Pariser Vélodrôme d'Hiver. Vor dem Gebäude der Uno-Vollversammlung wurde demonstriert. All das „setzte die Delegierten so sehr unter Druck, dass die Uno am 10. Dezember gar nicht anders konnte, als die Erklärung der Menschenrechte zu verkünden.“ […]

Es lohnt, sich die Allgemeine Erklärung der Menschenrechte hin und wieder einmal vorzunehmen. Sie zeigt anschaulich, dass die Menschheit in ihrer Selbsterkenntnis schon einmal weiter war als heute. Nun sind wieder Männer an der Macht, die nicht nur heimlich, sondern ganz explizit hinter diese Freiheiten und Rechte für alle zurückwollen: von Orbán bis Bolsonaro, von Erdogan bis Duterte, von Putin bis Trump. Deshalb ist Garry Davis' Ideal vom Weltbürger heute wichtiger denn je: Wenn wir nicht begreifen, dass wir eine Menschheit sind, werden wir an den globalen Herausforderungen einer globalisierten Welt – rasante technologische Entwicklung, Klimawandel, Atomkriegsgefahr und so weiter – scheitern. *(428 Wörter)*

Quelle: Christian Stöcker, SPIEGEL ONLINE, 04. 11. 2018, https://www.spiegel.de/wissenschaft/mensch/weltbuergerbewegung-der-mann-der-die-menschheit-einte-a-1236492.html

Task IV: Mediation Deutsch – Englisch (Weltbürgerbewegung) (12)

Fassen Sie den Artikel zusammen, indem Sie die unterstrichenen Textstellen sinngemäß ins Englische übertragen. Verfassen Sie hierfür einen zusammenhängenden Text im Umfang von etwa 150 Wörtern.

Task V: Argumentative Writing (24)

Choose **one** of the following topics. Write **at least 220 words**.

1 Composition

"America is governed by Americans. We reject the ideology of globalism and we embrace the doctrine of patriotism." (Donald Trump, 25 September 2018)

Explain the negative consequences if each country puts its own interests first and withdraws from global cooperation with other countries.

2 Composition

"It should be everybody's duty to register as an organ donor". Do you agree?

Lösungsvorschlag

READING

Task I: Multiple Matching (Warlight)

TIPP

- **Zu 1:** Ausschlussverfahren: Es passen inhaltlich im Kontext nur die Sätze G und I. Satz I enthält das Personalpronomen „her“. Da im vorangegangenen Satz zwar von der Mutter die Rede ist, aber der Satz insgesamt im Plural steht und sich auf beide Eltern bezieht, müsste hier „our mother remaining in Ruvigny Gardens“ stehen. Folglich bleibt G, auch wenn zwischen „for a year“ (Z. 4) und „not too long“ (Satz G) ein gewisser Widerspruch besteht.
- **Zu 2:** Der Vater äußert sich ausführlich zu Details des Fluges („expanding on the details of their flight“ Z. 10/11) und dazu gehören auch die Zwischenlandungen („have to land and change planes at least twice“ Satz D).
- **Zu 3**: „The Moth“ ist ein Spitzname („nickname“), also ein erfundener Name („a name we had invented“ Z. 19/20).
- **Zu 4:** Im Sinnzusammenhang muss eine Aussage zu „The Moth“ erfolgen. Satz L (ein lebhafterer „Moth“ außerhalb des Hauses) passt im Kontext nicht. Die Einschätzung der Eltern, „The Moth“ sei wohl zuverlässig (vgl. Z. 26), und der Verdacht der Kinder, er sei womöglich kriminell (vgl. Z. 20/21), sind gegensätzlich, aber gerade dadurch entsteht ein Zusammenhang.
- **Zu 5:** Der Autor beschreibt hier seine Entdeckungen auf seinen Streifzügen durch das Unilever-Gebäude: leere Papierkörbe, keine Bilder an den Wänden (Z. 31). Dazu passen die verschlossenen Schubladen (Satz B).
- **Zu 6:** Der Vater nimmt seinen Sohn noch einmal mit ins Bürogebäude. Zwischen dem Satz, der ‚Gap 6‘ füllt, und dem folgenden „He“ (Z. 40) muss ein Zusammenhang bestehen. Satz E erfüllt als einziger diese Bedingung.
- **Zu 7:** Zwischen dem Satz, der ‚Gap 7‘ füllt, und „our parents“ (Z. 52) muss ein Zusammenhang bestehen.
- **Zu 8:** Im Verständnis der damaligen Zeit (Nachkriegsjahre) gehörte die Ehefrau ganz selbstverständlich an die Seite ihres Mannes („she had to go with him“, „there was no way … she could exist apart from him“ Z. 56/57). Das erschien besser für den familiären Zusammenhalt („less calamity, less collapse of the family“ Satz I) als ein Verbleib der Mutter bei den Kindern.

GAP	1	2	3	4	5	6	7	8
Part of Sentence	G	D	F	A	B	E	K	I

Task II: Multiple Choice (Something old, something new)

TIPP

- **Zu 1:** Option C ist eine Umschreibung des Satzes in Zeile 1.
  „As good a time as any“ bedeutet „eine gute Gelegenheit“ (= „opportunity“).
  „To conduct an audit“ bedeutet „einer Überprüfung unterziehen“ (= „to review“).
- **Zu 2:** Die Antwort befindet sich in den Absätzen (B) und (C).
  Option A entspricht: „Prince Charles and Diana Spencer undermined the monarchy's claim to unify the country“ (Z. 10/11).
  Option C findet sich z. B. in folgenden Textstellen: „the couple's squabbles“ (= Streitereien) (Z. 11/12), „a rich diet [...] of gossip“ (Z. 13), „the Queen capped it all“ (= „setzte noch einen drauf“) (Z. 13/14), „‚Airmiles Andy‘ and ‚Freebie Fergie‘“ (Z. 17).
  Option D findet sich in: „further alienated (= „befremden“) the public“ (Z. 20)
- **Zu 3:** Die damalige britische Regierung trat Macht an Teilgebiete des Vereinigten Königreiches ab („devolving power to Scotland, Wales ...“ Z. 23), was einer Dezentralisierung des Landes gleichkam.
- **Zu 4:** Absatz D beschreibt die Erfolge der damaligen (Labour)-Regierung („past success“), Absatz E beschreibt die verfahrene Gegenwart („present mess“) mit einer Premierministerin ohne Autorität, Skandalen im Parlament (Westminster) und einer fehlenden Mehrheit im Unterhaus.
  Option A passt nicht, da die Situation als „reversed“ (Z. 28) (= „umgekehrt“) beschrieben wird.
  Option B passt zu Abschnitt F, fasst jedoch nicht Abschnitt D und E zusammen.
  Option C passt auch nicht, da in Abschnitt D eine erfolgreiche Zeit beschrieben wird, die Überschrift jedoch für beide Abschnitte gelten soll.
- **Zu 5:** Der Brexit stellt das Land vor eine qualvolle Entscheidung („agonising choice“ Z. 37), stürzt es also in ein quasi auswegloses Dilemma (Option B).
- **Zu 6:** Die Antwort befindet sich in den Absätzen (G) und (H).
  Option B findet sich in „with a new generation“ (Z. 44) und „this story of renewal“ (Z. 47).
  Option C findet sich in „a chance to reinvent itself for a more multicultural and touchy-feely age“ (Z. 49).
  Option D entspricht „The Queen represents stability in an unstable world“ (Z. 40/41).

- **Zu 7**: In Absatz I finden sich mehrere Passagen, die Prinz Charles als widersprüchlich und inkonsequent („inconsistency") beschreiben: z. B. „both entitled and whiny" (Z. 56 = „privilegiert und gleichzeitig ein Jammerlappen"), „fretting about global warming while travelling by private jet" (Z. 57/58) (= „macht sich Sorgen wegen der Klimaerwärmung und fliegt im Privatjet").
- **Zu 8:** In Absatz K werden Charakterzüge („character traits") von Charles präsentiert: Starrsinn („pigheadedness", Z. 69/70) und Dummheit („foolishness", Z. 70). Sie werden als gefährlich („dangerous", Z. 68/69), d. h. schädlich („detrimental") beschrieben.

1 According to paragraph A …

C ☒ royal weddings provide an opportunity to review the British constitution.

2 Which of the following does **not** describe the British monarchy of the late 1990s?

B ☒ It was rescued by the monarch's skilful manoeuvring.

3 At the end of the last century, the British government …

C ☒ decentralized the country.

4 Which of the following headings best summarizes paragraphs D and E?

D ☒ Past success and present mess

5 According to paragraph F, Brexit is …

B ☒ a dilemma that can hardly be overcome.

6 Which is **not** a reason why the monarchy is so strong today? It has …

A ☒ put new emphasis on traditional values.

7 In a recent book, Prince Charles was criticized for his …

A ☒ frequent inconsistency.

8 The author of the article …

D ☒ warns that certain character traits of Charles may be detrimental to the monarchy.

1 **TIPP**

Achten Sie beim *Gapped Summary* auf folgende Angaben: „one word per line", „from the corresponding sections of the text" und "Do not make any changes or adjustments."

- **crucible (Z. 18):** Bezugspunkte zwischen Gapped Summary (GS) und Originaltext (OT) sind: „metaphor for forming a nation out of immigrants" (GS) vs. „turns our people out as Americans" (OT Z. 18/19) und „speaking one common language" (GS) vs. „we have room for but one language here" (OT Z. 17/18)
- **linguistic exclusionism (Z. 16):** Bezugspunkte zwischen GS und OT sind: „typical of American nationalism … gained momentum with Trump's presidency" (= „stark an Bedeutung gewonnen unter Trump") (GS) vs. „has been one of the pillars (= „eine der tragenden Säulen") of […] American nationalism" (OT Z. 14/15) und „has changed […] since Donald Trump took office" (OT Z. 12/13)
  Zusammenhang: Englisch wird verherrlicht („Elevating" Z. 14), während andere Sprachen herabgewürdigt werden („denigrating" Z. 14), was zu einer Marginalisierung („exclusionism", Z. 16) der anderen Sprachen führt.
- **immigration (Z. 22):** Bezugspunkte sind: „long-lasting […] has endangered the predominance of English" (GS) vs. „A century of **immigration** has done little to dislodge the status of English" (OT Z. 21/22)
- **infiltrated (Z. 38):** Bezugspunkte sind: „English has become the uncontested (= „unangefochten") global language" (GS) vs. „growing influence of English" (OT Z. 37)
- **coinages (Z. 49):** Bezugspunkte sind: „lessen the impact of English by coming up with" (GS) vs. „have been working […] to stem the English tide by creating" (OT Z. 48/49)
- **limit themselves (Z. 59):** Bezugspunkte sind: „an art of storytelling that can be received effortlessly in the English-speaking world" (GS) vs. „describing subjects in a way that would be easily digestible in an anglophone context" (OT Z. 60)

In the US, speaking one common language has always been seen as a **crucible** (l. 18) – the metaphor for forming a nation of out of immigrants with different cultural and linguistic backgrounds. This concept is reflected by Aaron Schlossberg's reaction when he heavily criticized the behaviour of service staff who talked to guests in a New York cafe in Spanish. Schlossberg's attitude exemplifies the notion of **linguistic exclusionism** (l. 16), which is typical of American nationalism and which has gained momentum with Trump's presidency. The author of the article, however, does not share the fear that long-lasting **immigration** (l. 22) has endangered the predominance of English in the US. On the contrary, he is convinced that English has become the uncontested global language, and the word pool of many other languages has been **infiltrated** (l. 38) by English words. Some nations try to lessen the impact of English by coming up with **coinages** (l. 49) of their own, but it seems they are fighting a losing battle. It is not only vocabulary that has been affected, but also literature. Increasingly, novelists refrain from playing with the characteristics of their languages and cultures and **limit themselves** (l. 59) to an art of storytelling that can be received effortlessly in the English-speaking world.

2 Der Einfluss des Englischen auf andere Sprachen ist so stark, dass es kein Entkommen gibt (wie bei der Anziehungskraft eines riesigen schwarzen Loches). Andere Sprachen werden dadurch gleichförmiger und verlieren ihren eigenen Charakter.

WRITING

Task IV: Mediation Deutsch – Englisch (Weltbürgerbewegung)

On December 10, 1948, the Universal Declaration of Human Rights was adopted (was enacted, became effective).
The most unlikely man to help make it happen was Broadway actor Garry Davis.
(No one expected the Broadway actor Garry Davis to assist in creating it.)
Davis had been a bomber pilot in World War II and his experiences made him give up his U.S. passport and declare himself "world citizen no. 1".
(Influenced by what he had gone through in the Second World War, he returned his U.S. passport and …).
Davis received a lot of support from intellectuals, anarchists, trade unionists, artists and activists.
His movement demanded a "global government", for they believed that the sovereign states were causing a divide in mankind and leading the world to the brink of another world war.
(Davis and his supporters called for a "global government" because they were convinced that the concept of independent nations divided the peoples of the world and would steer the world towards another disastrous war.)
As a result, there was so much political pressure that the UN could not refuse (had no choice but) to announce the Declaration of Human Rights.
Today, Davis's ideal is more important (relevant) than ever:
We must be aware of the fact that we are one humankind. Otherwise we will not be able to cope with the challenges of a globalized world, such as the rapid development of technology, climate change and the threat (risk) of nuclear war.
(We must understand that mankind must cooperate to meet global challenges, among them …) *(about 169 words)*

1 **TIPP**

Möglicher Aufbau:
(1) Kurze Hinführung zum Thema
(2) Negative Konsequenzen:
- Risk of more violence and war
- Threat to territorial integrity
- Global threats (e. g. climate change) can only be met in a joint effort
- Danger of economic recession

(3) Abrunden des Aufsatzes mit Resümee, persönlicher Einschätzung o. Ä.

When America's Donald Trump and Italy's Matteo Salvini shout out "America First" or "Prima l'Italia!", their core principle of foreign policy is the pursuit of the national interest. It is perfectly normal for a country to put its own interests first, but it is not wise at all to do so by withdrawing from cooperation with other countries and disrespecting the interests of other countries.
One of the negative consequences of such an attitude is that it significantly increases the risk of violent conflict. In 2018, Trump left the Iran nuclear deal because he considered it "the worst deal ever". Instead of striving for a better deal by holding new talks, he tried to achieve it by imposing the toughest sanctions. Trump's approach led to unidentified attacks on oil tankers in the Persian Gulf, more US troops deployed in the area, a US military drone shot down by Iran, rising tensions and instability in the region.
Another negative consequence is that countries must fear their territorial integrity being threatened. When Ukraine struggled to get rid of Russian control in 2014, Russia's president decided not to negotiate and find a compromise but to send the Russian military to annex Crimea, the Ukrainian peninsula in the Black Sea.
A further negative consequence is that pressing global problems like climate change, international terrorism or migration cannot be met by individual nations acting on their own. CO_2 emissions do not stop at national borders. It was only possible to weaken ISIS because of the joint effort of various powerful nations. In 2019, Italy closed its ports for sea rescue vessels, which solved one problem in the short term but will cause even more problems in the long run.
Last but not least there is the danger of economic recession. When countries try to defend their economic interests in a trade war by raising tariffs and banning exports or imports, they endanger economic growth. The consequences for companies, employees and social welfare systems can be disastrous.
What Mr Trump calls the "doctrine of patriotism" is in fact an ideology of nationalism. As Germany's former head of state Johannes Rau put it: "A patriot is someone who loves his fatherland, a nationalist is someone who despises the fatherlands of others." Nationalism has repeatedly led the world into its worst crises. We should never again embrace this ideology. *(391 words)*

2 **TIPP**

Möglicher Aufbau:
(1) Kurze Hinführung zum Thema
(2) Ethical issue:
    – Obligation to help improve and save lives
(3) Legal matter:
    – Free will vs public interest
(4) Abrunden des Aufsatzes mit einem Fazit, Ausblick, Appell o. Ä.

Currently, German federal ministers and MPs are debating a fundamental change to the law around organ donation in Germany. An initiative which is backed by politicians from all political camps aims at establishing an opt-out system in which people would be asked if they object to having their organs harvested after their death. Everyone who does not would be put on a list of potential donors. To be able to decide whether the opt-out system is the right step or not, one must look at the ethical and legal questions involved.

From an ethical perspective it seems quite obvious that we as human beings have an obligation to help. If there is a chance to improve the life of a person who spends ten hours or more a week attached to a dialysis machine, for instance, we must not miss it. And if there is a chance to save a person's life by donating a heart, for example, we must not blow that either.

Understandably, people may be concerned about being forced to register. They may have religious qualms, they may fear losing control of what happens to their body or unintentionally becoming part of the illegal organ trade or they may want their families to still be involved in the decision.

Perhaps even more importantly, the issue of organ donation is also a legal matter. In a democracy every individual has the right to make their decisions freely. Can we force free individuals to let hospitals take their organs?

To put it in a nutshell: kidney, heart or liver transplants have become routine operations that make it possible to improve or even save lives. That means there is a moral obligation to register as an organ donor but, in my view, there is also the individual right to make objections. So an opt-out system that is based on 'presumed consent' but still gives you a choice as to whether you want to be an organ donor would seem a promising solution. *(332 words)*

READING

Text I A better address can change a child's future

Jackie Rath, […] 38, was the third generation in her family to endure a traumatized childhood that led to poverty, and now she is a single mom with six children of her own who might also be at risk. But she is part of an experiment unfolding in and around Seattle that shows immense promise in breaking cycles of poverty so that her youngest daughter, Amina, 2, can have the wind at her back.

For all those who think that poverty is hopeless, that nothing can change – read on! [**GAP 1**]. It helps families move to neighborhoods with a proven record of helping kids do better. A major research study about the experiment, co-written by Prof. Raj Chetty of Harvard, has just been published by Opportunity Insights of Harvard.

Early word of the results has provoked a nationwide stir among Democrats and Republicans alike, and 21 cities across America are already working to start similar programs. Anti-poverty work is sometimes seen as bleak, but these findings are thrilling. One insight of the study is that although the United States spends $ 44 billion a year on affordable housing, that money perversely concentrates poverty in blighted neighborhoods. The counterproductive result is that children are sentenced to grow up in areas rife with crime, teenage pregnancy and educational failure.

In contrast, with small tweaks, it turns out to be possible to administer housing vouchers so that families like Rath's move to neighborhoods that aren't more expensive but are where children stand a much better chance of thriving. In Rath's new "high-opportunity neighbourhood" in Renton, a suburb, a low-income 2-year-old like Amina will on average earn $ 260,000 more over a lifetime than growing up in her old neighborhood, Chetty calculates. [**GAP 2**]. The Seattle program is an outgrowth of a national initiative called Moving to Opportunity, which in the 1990s provided vouchers for low-income families to move to better neighborhoods.

[**GAP 3**]. Adults who received the vouchers didn't earn more money. Then in 2015, a follow-up study shook the policy world. While the moves hadn't helped the adults, those who moved as toddlers were more likely to go to college, to marry, to earn more money and to pay more taxes – enough to pay for the program with interest. Subsequent research has backed this finding: Neighborhood matters enormously, for young children. That's the reason for the focus on Amina: Older siblings will also benefit, but the impact is greatest on those who move young and grow up entirely in a high-opportunity neighborhood.

Chetty has developed an online "Opportunity Atlas" that shows how some neighborhoods around the country, without being more expensive, consistently help children get ahead. [**GAP 4**], although it apparently has something to do with decent schools, less poverty, lots of dads present in families and positive social norms. The problem has been that even when families get housing vouchers, they often move only from one troubled neighborhood to another. Is it that struggling families don't want to move to better neighborhoods or can't? Or is it that small barriers block them?

Seattle's experiment, called Creating Moves to Opportunity, answered that question. It provides a "housing navigator" who helps low-income families receiving vouchers find homes in better neighborhoods, while also negotiating with landlords and helping to pay security deposits. [**GAP 5**]: Families were almost four times as likely to use their vouchers to move to a high-opportunity area.

Because these are inexpensive tweaks to our existing housing voucher program, amounting to just 2.2 percent of the cost of the underlying voucher, we could easily incorporate these elements and make vouchers far more effective at breaking cycles of poverty. "Economic segregation in America is not a consequence of deep-rooted preferences but rather is driven by small barriers in housing search that we can easily address through policy," Chetty said. "This is a much more optimistic view of the world."

This research underscores that the common American view that nothing works to address poverty is a fallacy. [**GAP 6**], and moving kids to better neighborhoods is one of those pellets. We also need early childhood education, job training and much more. But moving from a low- to high-opportunity neighborhood can, by Chetty's calculation, close almost one quarter of the gap in lifetime earnings between disadvantaged kids and those who are better off.

As for Rath, she told me that she was determined to break the cycle of poverty that enmeshed her grandmother, her mother and herself. And she thinks her move to a new neighborhood with a history of good outcomes will make all the difference for Amina and her other children. "[**GAP 7**]," she said. "That's what this program is."

(764 words)

Nicholas Kristof: A Better Address Can Change a Child's Future, The New York Times, 03. 08. 2019, https://www.nytimes.com/2019/08/03/opinion/sunday/poverty-seattle.html,

Task I: Multiple Matching (A better address can change a child's future) (7)

There are seven gaps in the text. In the grid below, match each gap (1–7) with the most suitable sentence (A–K). There are three more options than you need.

GAP	1	2	3	4	5	6	7
Sentence							

	Sentences for multiple matching
A	Early evaluations suggested it had failed
B	This assistance costs an average of only $2,600 per household but has had a stunning effect
C	Lots of people need a footstool to get ahead
D	Nearby neighborhoods can't foster dramatically different outcomes
E	It's still unclear what the secret sauce is
F	There are no silver bullets, but there is silver buckshot
G	It is essential not to overburden the recipient communities
H	The experiment is deceptively simple and cheap
I	Yet, there are also downsides to the program
K	Such a girl will also be 8 percent less likely to have a baby as a teenager

Text II How China is using "social credit scores" to reward and punish its citizens

Yi Tingyue has a lot going for her. She won a scholarship to China's prestigious Sichuan University, where she graduated with a master's in graphic design. She drives an Audi A4 and owns a penthouse apartment on the outskirts of provincial capital Chengdu. Vacations are spent touring Japan, Thailand and the U.S. Little wonder Yi is an 805.

That's the score assigned to Yi by Sesame Credit, which is run by Jack Ma's online-shopping empire Alibaba, placing the 22-year-old near the top of the scheme's roughly 500 million-strong user base. Sesame determines a credit-score ranking – from 350 to a theoretical 950 – dependent on "a thousand variables across five data sets," according to the firm. Unlike Western-style credit systems, Sesame takes in a broad range of both financial and social behaviors, all underwritten by an invisible web of Big Data.

In China, cash has long been king. As recently as 2011, only 1 in 3 Chinese people had a bank account. The nation's rapid rise from collectivized penury to the world's No. 2 economy meant it never had the chance to develop Western-style credit histories. That meant people could default on loans, or sell shoddy or counterfeit goods, with few repercussions. Society was dogged by a question: Whom can you trust?

In 2015, the government set about addressing this by allowing eight companies – including Sesame parent Ant Financial – to run trial commercial credit scores. The official guidance called for a nationwide system that would "allow the trustworthy to roam everywhere under heaven, while making it hard for the discredited to take a single step," to be in place by 2020.

Data, of course, is key. As Sesame had access to the records of Alibaba's mobile-payment app Alipay, which today boasts over 1 billion users worldwide, the company stole an easy march on its rivals in China. The system functions like a frequent-flyer scheme on steroids – one that transforms all of society into a first-class lounge. High scorers like Yi enjoy a bevy of perks. She can rent cars without a deposit, get better rates of foreign exchange and even skip hospital waiting lines. Yi keeps her score high in part by traditional brand loyalty: using Alipay wherever she goes and investing in the firm's savings fund. But Sesame's scheme doesn't merely encourage good behavior. Yi fears unsociable behavior might also impact her score; she says she "wouldn't dream" of parking a shareable bike in an undesignated place, for example.

The fear stems from the fact that as commercial credit systems like Sesame have started taking off in China, around half a dozen local authorities have launched pilot credit systems specifically designed to socially engineer behavior. These, too, ascribe a number to citizens. Good deeds gain points; misconduct loses them, with perks and hardships attached. If you fall afoul of a pilot system, you cannot get a loan or mortgage, even if your offense is nonfinancial, like quarreling with neighbors. Conversely, nonfinancial "good deeds" – like giving blood – can cause your loan's interest rate to drop.

This overlapping mishmash of commercial and state-run systems has stoked fears that China's autocratic Communist Party is planning by 2020 to implement a single citizen score using opaque algorithms that's largely political. In a speech Oct. 4, U.S. Vice President Mike Pence described it as Orwellian, a system premised on controlling virtually every facet of human life. In fact, China's social-credit scoring is best understood not as a single system but as an overarching ideology: encompassing punishments and rewards, to improve governance and stamp out disorder and fraud. Commercial schemes mostly handle the perks, state schemes the punishments. Both work in concert to encourage socially responsible behavior.

But they are undeniably intrusive. Government agencies compile and share data on judgments against individuals or companies. Fail to pay a fine or court-ordered compensation, or default on your debts, and you will be put on the "List of Untrustworthy Persons." Blacklisted individuals cannot make "luxury purchases," such as high-speed rail and air tickets or hotel rooms. "The ripple effect on every part of your life becomes a multiplier on punishments," says professor Frank Pasquale, a Big Data expert at the University of Maryland.

And some elements are indeed worthy of dystopian fiction. In certain areas of China, call a blacklisted person on the phone and you will hear a siren and recorded message saying: "Warning, this person is on the blacklist. Be careful and urge them to repay their debts." When a blacklisted person crosses certain intersections in Beijing, facial-recognition technology projects their face and ID number on massive electronic billboards. Beijing-based lawyer Li Xiaolin was blacklisted after a court apology he gave was deemed "insincere." Unable to buy tickets, he was stranded 1,200 miles from home.

Although it sounds draconian, the repercussions of blacklisting "tend to be coercive rather than punitive," China legal scholar Jeremy Daum says. Once you've complied with the court ruling, you're theoretically scrubbed from the blacklist (although many report that this is easier said than done). Essentially, the system utilizes technology to enforce existing legal prohibitions through shame and hardship rather than by adding a new layer of arbitrary regulation. Despite being blacklisted himself, Li is in favor of the system overall. "It's good for society," he says.

For now people like Yi are happy to relish the newfound order that a social-credit score can bring – as well as enjoy the perks. "At first I worried about all my information being exposed," says Yi, sipping free Starbucks coffee courtesy of Sesame's loyalty points. "But then I thought, I'm just a normal kid, a regular person. What harm could there be?"

(938 words)

Charlie Campbell: How China Is Using "Social Credit Scores" to Reward and Punish Its Citizens, TIME, 16.01.2019, https://time.com/collection-post/5502592/china-social-credit-score/, From TIME.com.

Task II: Gapped Summary (How China is using "social credit scores" …) (7)

Fill the gaps in the summary with appropriate words or expressions (one word per line) from the corresponding sections of the text. Do not make any changes. Please also provide the number of the line in which you have found the word/expression.

Evaluating a person's creditworthiness is standard procedure in the industrialized world. Given its recent ascent to the higher spheres of economic power, China is now also attempting to implement such a system. One of the main obstacles in doing so is the lack of ____________ ____________ (l. ___). Therefore, other avenues are being explored by companies like Sesame Credit.

In order to determine whether you can safely do business with a person, Sesame has established a ranking system based on data comprising a multitude of ____________ (l. ___) covering not only monetary aspects but also social behaviors. That is why many people strive to reach a high score on Sesame's system as the ____________ (l. ___) it comes with are plentiful. At the same time, people keenly avoid actions which might be deemed ____________ (l. ___) and therefore have a detrimental effect on their position in the ranking.

The idea of establishing such ranking systems is not limited to the realm of business. The Chinese government is working on an approach to cover all aspects of its citizens' lives, thereby embedding the concept of social credit rankings into an ____________ ____________ (l. ___ two words) in order to create a better society.

Nevertheless, the consequences of being on the government's blacklist can be severe although they are not primarily meant to be punishments. Instead, they are designed to have a ____________ (l. ___) effect on the culprits causing them to change their behavior.

Internationally there is criticism, however. A high-ranking US government official considers this plan to be yet another example of the ____________ (l. ___) qualities of an autocratic political system.

Text III Vox

In the following you will read an excerpt from the novel 'Vox' by Christina Dalcher.

If anyone told me I could bring down the president and his movement [...] in a week's time, I wouldn't believe them. But I wouldn't argue. I wouldn't say a thing. I've become a woman of few words. Tonight at supper, before I speak my final syllables of the day, Patrick reaches over and taps the silver-toned device around my left wrist. It's a light touch, as if he were sharing the pain, or perhaps reminding me to stay quiet until the counter resets itself at midnight. This magic will happen while I sleep, and I'll begin Tuesday with a virgin slate. My daughter Sonia's counter will do the same. One hundred words.

My boys do not wear word counters. Over dinner, they are all engaged in the usual chatter about school. Sonia also attends school, although she never wastes words discussing her days. At supper, between bites of a simple stew I made from memory, Patrick questions her about her progress in home economics, physical fitness, and a new course titled Simple Accounting for Households. Is she obeying the teachers? Will she earn high marks this term? He knows exactly the type of questions to ask: closed-ended, requiring only a nod or a shake of the head.

I watch and listen, my nails carving half-moons into the flesh of my palms. Sonia nods when appropriate, wrinkles her nose when my young twins, not understanding the importance of yes/no interrogatives and finite answer sets, ask their sister to tell them what the teachers are like, how the classes are, which subject she likes best. So many open-ended questions. I refuse to think they do understand, that they're baiting her, teasing out words. But at eleven, they're old enough to know. And they've seen what happens when we overuse words.

Sonia's lips quiver as she looks from one brother to another, the pink of her tongue trembling on the edge of her teeth or the plump of her lower lip, a body part with a mind of its own, undulating. Steven, my eldest, extends a hand and touches his forefinger to her mouth. I could tell them what they want to know: All men at the front of the classrooms now. One-way system. Teachers talk. Students listen. It would cost me sixteen words. I have five left.

"How is her vocabulary?" Patrick asks, knocking his chin my way. He rephrases. "Is she learning?" I shrug. By six, Sonia should have an army of ten thousand lexemes, individual troops that assemble and come to attention and obey the orders her small, still-plastic brain issues. Should have, if the three R's weren't now reduced to one: simple arithmetic. After all, one day my daughter will be expected to shop and run a household, to be a devoted and dutiful wife. You need math for that, but not spelling. Not literature. Not a voice.

"You're the cognitive linguist," Patrick says, gathering empty plates, urging Steven to do the same. "Was." "Are." In spite of my year of practice, the extra words leak out before I can stop them: "No. I'm. Not." Patrick watches the counter tick off another three entries. I feel the pressure of each on my pulse like an ominous drum. "That's enough, Jean," he says.

The boys exchange worried looks, the kind of worry that comes from knowing what occurs if the counter surpasses those three digits. One, zero, zero. Any more, and a thousand volts of electricity will course through my veins. This is when I say my last Monday word. To my daughter. The whispered "Goodnight" has barely escaped when Patrick's eyes meet mine, pleading. I scoop her up and carry her off to bed. She's heavier now, almost too much girl to be hoisted up, and I need both arms. Sonia smiles at me when I tuck her under the sheets. As usual, there's no bedtime story, no exploring Dora, no Pooh and Piglet, no Peter Rabbit and his misadventures in Mr McGregor's lettuce patch. **It's frightening what she's grown to accept as normal.** I hum her to sleep with a song about mockingbirds and billy goats, the verses still and quiet pictures in my mind's eye. [...]

In my bedroom, as on all other nights, **I wrap myself in a quilt of invisible words**, pretending to read, allowing my eyes to dance over imagined pages of Shakespeare. If I'm feeling fancy, my preferred text might be Dante in his original, static Italian. So little of Dante's language has changed through the centuries, but tonight I find myself slogging through a forgotten lexicon. I wonder how the Italian women might fare with the new ways if our domestic efforts ever go international. Perhaps they'll talk more with their hands.

But the chances of our sickness moving overseas are slim. Before television became a federalized monopoly, before the counters went on our wrists, I saw newscasts. Al Jazeera, the BBC, Italy's three RAI networks, and others broadcasted occasional talk shows. Patrick, Steven, and I watched them after the kids were in bed. [...] They laughed at us. They told us we needed to relax before we ended up wearing kerchiefs and long, shapeless skirts. On one of the Italian channels, a bawdy skit showed two men dressed as Puritans engaging in sodomy. Was this really how they saw the United States? I don't know. I haven't been back since before Sonia was born, and there's no chance of going now.

Our passports went before our words did. I should clarify: some of our passports went. I found this out through the most mundane of circumstances. In December, I realized Steven's and the twins' passports had expired, and I went online to download three renewal applications. Sonia, who'd never had any documentation other than her birth certificate and a booklet of vaccination records, needed a different form. The boys' renewals were easy, the same as Patrick's and mine had always been. When I clicked the new passport application link, it took me to a page I hadn't seen before, a single-line questionnaire: Is the applicant male or female? *(1.018 words)*

Christina Dalcher, Vox, London, 2018, pp. 1–6. (abridged and adapted)

Task III: Mixed Reading Tasks (Vox) (10)

Mark the most suitable option by crossing the appropriate letter.

1 Multiple Choice (2)

1.1 In the first paragraph, when foreshadowing the events, the protagonist sounds …

A ☐ seditious.
B ☐ incredulous.
C ☐ resentful.
D ☐ triumphant.

1.2 The family has adjusted to the new situation by …

A ☐ eschewing conversations at the dinner table.
B ☐ focusing exclusively on wh-questions.
C ☐ enhancing communicative efficiency.
D ☐ avoiding finite answer sets.

2 Mediation Englisch – Deutsch (8)

Beantworten Sie die folgenden Fragen auf Deutsch.

2.1 In Zeile 49 stellt die Ich-Erzählerin im Hinblick auf ihre Tochter fest:

"It's frightening what she's grown to accept as normal."

Wie sieht diese neue Realität im Einzelnen aus und welche grundsätzliche Zielsetzung verfolgt die Regierung damit?

Bereich	**Einschränkungen**
Kommunikation	______________________ (1)
Bildung/Schule	Lehrkräfte/Unterricht: – ______________________ (1) – ______________________ (1) Kein Unterricht für Mädchen in: – ______________________ (1)

Auslandsreisen	Für Frauen nicht mehr möglich Umsetzung durch: ________________ (1)
Zielsetzung der Regierung	________________ ________________ (1)

2.2 Übertragen Sie die Metapher **"I wrap mayself in a quilt of invisible words" (Z. 52**) ins Deutsche und erklären Sie diese im Textzusammenhang.

Metapher	________________ ________________ ________________ (1)
Erklärung	________________ ________________ ________________ (1)

WRITING

Text 1 Ein Kind, drei Sprachen

Andrej spricht mit Jegor Russisch, Jegor mit Andrej lieber Deutsch. Yuko war in den Ferien bei den Großeltern in Japan und hat seither Probleme mit dem R. Und der dreijährige Simon redet beim Früchtespiel laufend von „Apples" und „Birnens". Ein solches babylonisches Sprachengewirr bereitet Pädagogen gewöhnlich Kopfzerbrechen. In der Kita Multi Lingua in Berlin-Charlottenburg ist es ausdrücklich erwünscht. „Wir freuen uns über jedes Kind, das nicht nur Deutsch spricht", sagt Dina Chubukova. […]

Mehrsprachigkeit liegt im Trend, nicht nur bei Eltern und Pädagogen, sondern auch unter Wissenschaftlern. Linguisten, Psychologen und Hirnforscher loten seit einiger Zeit den „kognitiven Nutzen" der Bilingualität aus. Wer polyglott ist, hat demnach nicht nur bessere Chancen im Job oder beim Eintauchen in fremde Kulturen. Er soll auch flexibler im Denken und schneller im Kopf sein. Selbst die Anfälligkeit für Alzheimer soll der Multilinguismus verringern. […]

Ein Dienstag kurz nach zehn Uhr, die „Busy Bees" und „Active Ants" strömen in den Gemeinschaftsraum. Dort wird bald gehämmert, gefalzt und gekleistert, die Erzieherin leitet mal auf Deutsch, mal auf Englisch an. Im Nebenraum treffen sich derweil die russischsprachigen Kinder zur Singstunde. Fremde Laute und Rhythmen sollen die Kinder wie nebenbei aufsaugen. Bestimmte Wörter und Sätze werden beim Essen, Spielen oder Toben systematisch wiederholt und mit Gesten und Mimik unterstützt.

Als erfolgreichste Lernmethode gilt das sogenannte Immersionskonzept. Dabei bleibt jeder Erzieher konsequent bei einer Sprache, an der sich die Kinder orientieren. Am Ende der Kitazeit sollen sie dann beispielsweise Deutsch und Englisch so gut beherrschen, dass sie dem Unterricht in beiden Sprachen problemlos folgen können. Fast noch wichtiger sei es, sagt Dina Chubukova, die Kinder für fremde Kulturen zu begeistern: „Mehrsprachigkeit ist ein großes Geschenk.“

Lange Zeit wusste man diese Gabe in Deutschland kaum zu schätzen. Tief verankert ist hier die Vorstellung, der Mensch könne nur eine Sprache richtig sprechen. […] Und es ist nicht lange her, da erhielten Schulen Preise, wenn sie auf dem Pausenhof eine „Deutschpflicht“ forderten. *(317 Wörter)*

Martin Spiewak: Ein Kind, drei Sprachen, DIE ZEIT Nr. 47/2015, 19.11.2015, https://www.zeit.de/2015/47/mehrsprachigkeit-kinder-vorteile

Text 2 Die offizielle Linie der EU

Im Rahmen ihrer Bemühungen zur Förderung der Mobilität und interkulturellen Verständigung hat die Europäische Union (EU) den Sprachenerwerb zu einer wichtigen Priorität erklärt und finanziert zahlreiche Programme und Projekte in diesem Bereich. Die EU betrachtet die Mehrsprachigkeit als ein wichtiges Element der Wettbewerbsfähigkeit Europas. Zu den Zielen der EU-Sprachenpolitik gehört deshalb, dass jeder europäische Bürger zusätzlich zu seiner Muttersprache zwei weitere Sprachen beherrschen sollte. *(64 Wörter)*

Pierre Hériard: Sprachenpolitik, Europäisches Parlament (2019), https://www.europarl.europa.eu/factsheets/de/sheet/142/sprachenpolitik

Task IV: Mediation Deutsch – Englisch (12)

Verfassen Sie einen zusammenhängenden englischen Text (ca. 150 Wörter) für ein EU-Projekt zur Förderung der Mehrsprachigkeit unter Verwendung der beiden Textauszüge.

Gehen Sie dabei auf die folgenden Aspekte ein:
- Wandel in der Einstellung zur Mehrsprachigkeit
- Vorteile der Mehrsprachigkeit
- Position der EU zur Mehrsprachigkeit
- Ein gelungenes Konzept zur praktischen Umsetzung mehrsprachiger Erziehung

Task V: Material-Based Writing (24)

*Choose **one** of the following tasks (1 or 2). Write **at least 300 words**.*

1 You are part of the NGO "Sustainable fYOUture NOW!", which aims at promoting a sustainable lifestyle. With Black Friday – when shops all over the world reduce the prices of goods in order to attract customers – becoming more and more popular, one of your organization's goals is to raise awareness of excessive consumption.

Your task is to contribute a composition to the homepage of your organization in which you comment on the fact that **more and more people opt for a minimalist lifestyle**.

Write **at least 300 words**. Include information from **all** the material provided.

Material 1

Copyright und weitere Informationen: Germanwatch e.V. | www.germanwatch.org/overshoot Datenquelle: Global Footprint Network National Footprint Accounts 2018 (18. 12. 2019)

Material 2

Barbara Kruger/adbusters.org

Material 3 Kaufverhalten

Warum Konsumenten glauben, Einfluss zu haben
Kommentar von Claudia Tieschky

Es gibt keinen Konsum mehr, der nicht auch politisch ist – weil der Käufer nicht mehr nur ein Produkt wählt, sondern zugleich ein Weltbild. Die Eier bio, der Kaffee fair gehandelt: Wer bewusst einkauft, kann durchaus die Welt verändern. Doch das richtige Verhalten im Supermarkt ist kein Ersatz für politische Teilhabe.

[…] Der mündige Bürger ist heute auch mündiger Konsument. Er entscheidet, ob Geschäftsmodelle funktionieren oder nicht. Er hat Macht. Selbst Unternehmen, die vor allem auf Masse ausgerichtet sind, werben um diesen mündigen Konsumenten, wenn sie, mal mehr und mal weniger glaubwürdig, eine Bio-Sparte einführen, Finanzanlagen nach ökologischen und sozialen Kriterien anbieten oder Rohstoffe aus fairem Handel verarbeiten; Notfalls bewirbt man sogar noch die angeblich nachhaltige Tragetasche. […] Zweifellos hat Konsumverhalten eine Wirkung. Konsum als neue Graswurzelbewegung, dafür hat sich der Begriff „Lifestyle Politics“ etabliert. Ersetzt es aber das politische Handeln von Regierungen? […] *(140 words)*

Claudia Tieschky: Warum Konsumenten glauben, Einfluss zu haben, Süddeutsche vom 27. 12. 2018, https://www.sueddeutsche.de/wirtschaft/nachhaltigkeit-konsum-politik-1.4267075

2 You are a member of the European Youth Forum, whose vision is to be the voice of young people in Europe. One of its main goals is to promote the participation of young people in political decision-making in order to help them reach their full potential as global citizens.

Your task is to contribute a composition to the homepage of your organization in which you discuss if youth quotas should be introduced in politics.

Write at least 300 words. Include information from all the material provided.

Material 1

Der Bundestag als Bevölkerungspyramide

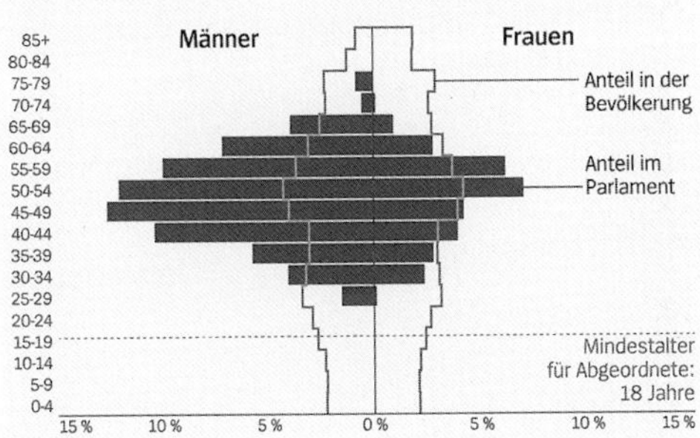

DER SPIEGEL, 26. 09. 2017

Material 2

Nicola Ferrari RF/Alamy Stock Foto

Material 3 „Ich würde von der Generation Greta sprechen"

Deutschlands Jugendliche sind laut Shell-Studie politisiert und anfällig für Populismus. Bildungsforscher Klaus Hurrelmann sagt, wie darauf reagiert werden sollte.

ZEIT ONLINE: Was müssen Parteien tun, um junge Menschen wieder für sich gewinnen zu können?

Hurrelmann: Ich vertrete schon lange die Position, dass das Wahlalter gesenkt werden sollte – und zwar nicht nur auf 16 Jahre, sondern auf 14 Jahre. [...] Aber viel entscheidender wäre es, wenn die Parteien nach dem Modell der Frauenquote eine Jugendquote einführen würden. Sie müssen deutlich machen, dass sie die jungen Menschen wertschätzen. Eine Quote von 30 Prozent für Führungspersonal unter 30 Jahren wäre zum Beispiel ein Weg. Dann würden junge Leute sich vielleicht wieder engagieren, denn sie hätten auch Vorbilder. *(115 words)*

David Gutensohn: „Ich würde von der Generation Greta sprechen", ZEIT vom 15. 10. 2019, https://www.zeit.de/politik/2019-10/klaus-hurrelmann-shell-jugendstudie-politik-aktivismus-populismus

Lösungsvorschlag

READING

Task I: Multiple Matching (A better address can change a child's future)

TIPP

- **Zu 1:** Die Zeilen 3/4 beschreiben ein sozialpolitisches Experiment zur Bekämpfung von Armut. Zeile 6 greift die Armut auf und in Zeile 7 knüpft „It" an „experiment" aus Satz H an.
- **Zu 2:** Die zweijährige Amina wird in ihrem neuen Stadtviertel bessere Entwicklungschancen vorfinden („a much better chance of thriving" Z. 19) und sie wird einmal ein höheres Lebenseinkommen haben (vgl. Z. 21).
  Satz K führt einen weiteren positiven Effekt („less likely to have a baby as a teenager") für Mädchen wie Amina („Such a girl") an.
- **Zu 3:** Vor Lücke 3 wird der Ursprung des Gutscheinprogramms für arme Familien geschildert (vgl. Z. 22–24). Nach Lücke 3 erfährt man, dass laut Studien („evaluations" Satz A; „follow-up study" Z. 26) das Programm zwar Erwachsenen nicht half, wohl aber Kleinkindern („toddlers" Z. 27).
- **Zu 4:** Es geht um verbesserte Lebensumstände von Kindern („help children get ahead" Z. 34/35), wobei man nicht exakt weiß, warum das Programm wirkt („unclear what the secret sauce is", Satz E). Es hat aber allem Anschein nach („apparently" Z. 35) mit guten Schulen, präsenten Vätern etc. zu tun (vgl. Z. 35/36).
- **Zu 5:** Es gibt Betreuer, die die Familien vor ihrem Umzug unterstützen („housing navigator" Z. 41). Satz B greift dies auf („assistance") und leitet zu einem erstaunlichen Effekt („stunning effect") über: Betroffene Familien ziehen dann tatsächlich deutlich häufiger ins bessere Viertel um (vgl. Z. 43/44).
- **Zu 6:** Laut Text ist es ein Irrtum, dass man Armut nicht bekämpfen könne (vgl. Z. 52/53). Es gibt für die Armutsbekämpfung kein Allheilmittel („silver bullet"), aber eine Vielzahl von kleineren Schritten („buckshot" = wörtl. Schrotkugeln, vgl. Satz F). Das Bild von den Schrotkugeln wird mit „pellets" (Z. 54) wieder aufgenommen.
- **Zu 7:** Aminas Mutter glaubt an eine bessere Zukunft (vgl. Z. 59/60). Wenn man die nötige Hilfe bekommt („footstool" = wörtl. Hocker; hier: eine Hilfestellung), kommt man voran („get ahead", vgl. Satz C), und genau das bietet das Programm (vgl. Z. 61).

GAP	1	2	3	4	5	6	7
Sentence	H	K	A	E	B	F	C

Task II: Gapped Summary (How China is using "social credit scores" …)

TIPP

Achten Sie beim *Gapped Summary* auf folgende Angaben: „one word per line", „from the corresponding sections of the text" und "Do not make any changes."

- **credit histories (Z. 14):** Bezugspunkte zwischen Gapped Summary (GS) und Originaltext (OT) sind: „recent ascent to higher spheres of economic power" (GS) vs. „nation's rapid rise […] to the world's No. 2 economy" (OT Z. 13/14) und „the lack of" (GS) vs. „never had the chance to develop" (OT Z. 14)
- **variables (Z. 9):** „Sesame has established a ranking system based on data comprising a multitude of" (GS) vs. „Sesame determines a credit-score ranking […] dependent on ‚a thousand [variables] across five data sets'" (OT Z. 8/9)
- **perks (Z. 26):** Bezugspunkte sind: „people strive to reach a high score" (GS) vs. „High scorers […] enjoy" (OT Z. 25/26) und „plentiful" (GS) vs. „a bevy of" (OT Z. 26)
- **unsociable (Z. 30):** Bezugspunkte sind: „people keenly avoid actions" (GS) vs. „Yi fears" (OT Z. 30) und „a detrimental effect on their position in the ranking" (GS) vs. „might […] impact her score" (OT Z. 30)
- **overarching ideology (Z. 44):** Bezugspunkte sind: „an approach to cover all aspects of its citizens' lives" (GS) vs. „a system premised on controlling virtually every facet of human life" (OT Z. 42/43) und „in order to create a better society" (GS) vs. „to improve governance and stamp out disorder and fraud" (OT Z. 45)
- **coercive (Z. 63):** Bezugspunkte sind: „the consequences […] can be severe although they are not […] meant to be punishments" (GS) vs. „the repercussions […] tend to be coercive rather than punitive" (OT Z. 63/64)
- **Orwellian (Z. 42):** Bezugspunkte sind: „a high-ranking US government official" (GS) vs. „U.S. Vice President Mike Pence" (OT Z. 41/42), „autocratic political system" (GS) vs. „China's autocratic Communist party" (OT Z. 40) und „considers this plan" (GS) vs. „described it" (OT Z. 42)

Evaluating a person's creditworthiness is standard procedure in the industrialized world. Given its recent ascent to the higher spheres of economic power, China is now also attempting to implement such a system. One of the main obstacles in doing so is the lack of **credit histories** (l. 14). Therefore, other avenues are being explored by companies like Sesame Credit.

In order to determine whether you can safely do business with a person, Sesame has established a ranking system based on data comprising a multitude of **variables** (l. 9) covering not only monetary aspects but also social behaviors. That is why many people strive to reach a high score on Sesame's system as the **perks** (l. 26) it comes with are plentiful. At the same time, people keenly avoid actions which might be deemed **unsociable** (l. 30) and therefore have a detrimental effect on their position in the ranking. The idea of establishing such ranking systems is not limited to the realm of business. The Chinese government is working on an approach to cover all aspects of its citizens' lives, thereby embedding the concept of social credit rankings into an **overarching ideology** (l. 44) in order to create a better society.
Nevertheless, the consequences of being on the government's blacklist can be severe although they are not primarily meant to be punishments. Instead, they are designed to have a **coercive** (l. 63) effect on the culprits causing them to change their behavior.
Internationally there is criticism, however. A high-ranking US government official considers this plan to be yet another example of the **Orwellian** (l. 42) qualities of an autocratic political system.

Task III: Mixed Reading Tasks (Vox)

1 **TIPP**

- **Zu 1.1:** Option B („incredulous" = ungläubig, skeptisch) findet sich in „If anyone told me […] I wouldn't believe them", Z. 1/2).
- **Zu 1.2:** Die Familie passt sich an die neue Situation, dass Mädchen und Frauen nur noch hundert Wörter am Tag sprechen dürfen, an, indem sie ihre Kommunikation so effizient wie möglich gestaltet (Option C).
  In Absatz 2 finden sich Beispiele dafür: „Sonia […] never wastes words discussing her days" (Z. 10/11). Sonias Vater stellt Fragen, die sie mit Nicken oder Kopfschütteln beantworten kann (vgl. Z. 15).
  Option A trifft nicht zu, weil Kommunikation zwischen den männlichen Familienmitgliedern weiter stattfindet (vgl. Z. 9/10).
  Option B trifft nicht zu, weil man auf W-Fragen nicht mit Nicken oder Kopfschütteln antworten kann.
  Option D trifft nicht zu, da insbesondere der Vater sich durchaus um Fragen bemüht, die nur mit „ja" oder „nein" beantwortet werden müssen.

1.1 In the first paragraph […] the protagonist sounds …

B [X] incredulous.

1.2 The family has adjusted to the new situation by …

C [X] enhancing communicative efficiency.

2 Mediation Englisch – Deutsch

2.1

Bereich	Einschränkungen
Kommunikation	**Frauen dürfen max. 100 Wörter am Tag sprechen (vgl. Z. 7/8).**
Bildung/Schule	Lehrkräfte/Unterricht: **Die Lehrkräfte sind alle männlich. (vgl. Z. 26/27) Der Unterricht für Mädchen ist Frontalunterricht. (vgl. Z. 27)** Kein Unterricht für Mädchen in: **Rechtschreibung und in Literatur. (vgl. Z. 34/35)**
Auslandsreisen	Für Frauen nicht mehr möglich Umsetzung durch: **Frauen werden keine Pässe mehr ausgestellt. (vgl. Z. 68, 75)**
Zielsetzung der Regierung	**Frauen sollen auf die Rolle der treusorgenden und hingebungsvollen Hausfrau und Ehefrau reduziert werden. (vgl. Z. 33/34)**

2.2

Metapher	**Ich ziehe mich zurück in meine eigene Gedankenwelt.**
Erklärung	**In der Erinnerung an literarische Werke, die sie früher gelesen hat, findet sie Geborgenheit und Trost.**

WRITING

Task IV: Mediation Deutsch – Englisch

TIPP

Grundsätzlich ist diese Aufgabe eher einfach gehalten. Sie müssen die wesentlichen Aspekte für ein EU-Projekt zusammenfassen, eine besondere Zieltextform wird jedoch nicht erwartet.

Zudem finden sich die meisten geforderten Aspekte jeweils in nur einem Absatz der Texte. Die „Vorteile der Mehrsprachigkeit" sind in Absatz zwei des ersten Textes aufgelistet, die Position der EU finden Sie vollständig im zweiten Text und das „gelungene Konzept" finden Sie im vierten Absatz des ersten Textes, eingeleitet durch den Satz: „Als erfolgreichste Lernmethode gilt das sogenannte Immersionskonzept," (Z. 19). Auch dieser Aspekt ist also gut zu finden. Lediglich beim Bereich „Wandel in der Einstellung zur Mehrsprachigkeit" müssen Sie leicht abstrahieren.

For a long time the gift of multilingualism has not been appreciated in Germany. But meanwhile it has become a trend among parents, educationalists and scientists, as experts from various scientific fields see a number of benefits: **Einleitung:** Wandel in der Einstellung zur Mehrsprachigkeit

Those who have more than one native language are said to have better opportunities in their jobs and to have more of an understanding for foreign cultures. They are also more likely to think more flexibly and swiftly and to be less prone to Alzheimer's. Vorteile der Mehrsprachigkeit

In this context, the EU has declared learning languages a priority and considers multilingualism an essential aspect of Europe's competitiveness. That's why, according to the EU, every European is supposed to speak two languages apart from their native tongue. Position der EU zur Mehrsprachigkeit

Currently, the so-called immersive approach is regarded as most promising. It means that each nursery school teacher strictly sticks to using one language as a model for the children to go by. **Schluss:** Gelungenes Konzept

(153 words)

Task V: Material-Based Writing

1 **TIPP**

Mögliche Auswertung der Materialien:

M1: Warning that the affluent nations are depleting their resources

M2: "I shop therefore I am" = an allusion to "I think, therefore I am" (Latin "Cogito, ergo sum") = our main purpose in life is consumption
"Buy Nothing Day" = a symbolic day against rampant consumerism

M3: Consumer awareness is powerful, it does have an effect on ecological and social standards in production.
But: It can't fully replace action in the field of politics.

Möglicher Aufbau:

(1) Kurze Hinführung zum Thema: globaler Fußabdruck
(2) Gedanken zum minimalistischen Lebensstil:
  - Gives you freedom on the inside, free from urge to buy, etc.
  - Helps to protect the planet and its resources
  - Minimalism: DIY, second-hand, repair, reuse, consistent frugality, etc.
  - Means a drastic change for our economy which is driven by consumer spending
  - Political action needed
(3) Abrunden des Aufsatzes mit Resümee, persönlicher Einschätzung o. Ä.

If everybody in the world lived the German lifestyle, we would need three planets to provide for all the resources needed. It is obvious that this economic model must be replaced by a more sustainable one. It seems that a growing number of people have become aware of this and see a lot of benefits in living a minimalist lifestyle.

Einleitung: Hinführung zum Thema, Material 1

First of all, this lifestyle gives you freedom on the inside. It frees you from that urge to buy which is so powerful in consumer societies. And you no longer feel the need to compare your possessions and achievements to those of others. Your status is defined by who you are, not by what you possess.

Gedanken zum minimalistischen Lebensstil

Even more important, minimalism is an effective way to protect the earth: its climate, its environment and its resources. Long-distance travel three times a year, shopping trips every second weekend, the production and transport of goods that we buy but do not really need – all this involves the burning of fossil fuels, which contributes to inacceptable CO_2-emission levels, it involves the destruction of habitats and the pollution of air, water and soil.

As a minimalist, you aim to make the world a better place by being a DIY person, by buying second-hand, by renouncing the latest smartphone as long as the one you have still works. Being a minimalist is a fundamental attitude which means making sacrifices and being consistent. The Buy Nothing Day is a symbolic gesture against the widespread "I shop therefore I am" mentality in affluent societies. Being a minimalist, however, is nothing you are just once a year – you are one 24/7.

Material 2

Some may say that a minimalist lifestyle comes with economic ramifications that may not be wanted. To a certain degree they are right. Minimalism means a drastic change for our economy because the latter is driven by consumer spending and a minimalist lifestyle means cutting that spending drastically. And minimalism is not a cure-all. Consumer awareness does have an effect on ecological and social standards in production, but it can't replace political action taken by governments and parliaments. We must see laws and international agreements to achieve the level of sustainability needed.

Material 3

So in conclusion, a minimalist lifestyle is more than just foregoing a few minor things in life. It is all about living with less because it is high time to consider a new economic model – try being a part of it.

Schluss: Fazit

(405 words)

2 **TIPP**

Mögliche Auswertung der Materialien:

M1: Bundestag age distribution does not reflect the German population.

M2: Majority of British juveniles and young adults rejected Brexit.

M3: Young politicians as role models for the young.

Die Aufgabenstellung „Discuss“ bedeutet, dass man sich mit Pro und Contra auseinandersetzen muss.

Möglicher Aufbau:

(1) Kurze Hinführung zum Thema
(2) Argumente pro Jugendquote:
   - Young politicians as role models
   - Quota as a promising means in other fields like gender equality
   - Parliament must be reflection of society
   - Most political decisions affect living conditions of the young in the long run
(3) Argumente contra Jugendquote:
   - Lack of knowledge and experience
   - The voters decide, not statistics
   - Almost impossible to put into practice
(4) Abrunden des Aufsatzes mit einem Fazit, Ausblick, Appell o. Ä.

Einleitung: Hinführung zum Thema, Material 1

A look at the age distribution of the German Bundestag reveals that those aged 30 to 70 are significantly overrepresented (well over 90 %) as compared to their proportion in the general population (well over 50 %). Those under 30 – they make up almost 30 percent of the population – are hardly represented in parliament and, as a result, may feel they can't influence political decision-making.
To tackle this problem, Klaus Hurrelmann, a renowned educationalist, suggests the introduction of a 30-percent youth quota in leading positions in political parties. His idea is tempting as it refers to the gender quotas which, more or less successfully, have been established for executive boards in corporations and other institutions.

Argumente pro Jugendquote:

Material 3

Firstly, it is true that, with more young politicians, juveniles and young adults would have people to look up to as it is the case with Greta Thunberg or Luisa Neubauer, the young climate activists who inspire the young to take an active part in political issues.
Secondly, parliaments are meant to reflect society. If the young are nowhere near a fair representation, their interests and concerns will not get the attention they deserve. Most decisions made in parliament today have far-reaching effects on the future (climate, taxation, food production etc.), and those who have to live with these effects for a

longer time than anyone else are the young. They do not want to be robbed of their future, as to many of them it was the case with Brexit, they demand a say.

Material 2

Yet, there are several downsides that come with a youth quota. I doubt that too many young people have the knowledge and experience to fill such an office. And it is the voters who make the decision about who is elected into parliament and who is not.

Argumente contra Jugendquote

The strongest argument against a youth quota is, though, that there's no knowing how to put it into practice. A quota of 30 percent means you must have a really large number of potential applicants in your local party membership. And you would have to find enough applicants who are willing (and qualified) to fill the positions reserved for them in parliaments, on ballots and in local and regional party executive committees.

Taking all this into consideration, I conclude that it seems practicable to introduce quotas in boards and governments. But it seems impossible for parliaments and on a local level in political parties. And with their commitment in parties and initiatives and their presence in the papers, on TV and on social media platforms the young already have a chance to effectively participate in political decision-making. *(434 words)*

Schluss: Fazit

READING

Text I **Racism has been the grinding backdrop to my life. Is a different future now possible?** by Hanif Kureishi

(A) Last week I was reminded of something important: one of the most meaningful moments of my early life was walking into the newspaper shop where I worked as a paperboy – this was in the white London suburb where I grew up as a mixed-race kid – and seeing the image of Tommie Smith and John Carlos making the black power salute at the 1968 Olympics. For a while I'd been trying to work out what exactly it meant to be a child of empire. It hadn't been going well; I was more than confused. So I remember almost staggering as I experienced a surge of exhilaration and pride at the sight of the two raised fists. I didn't enjoy feeling strongly – there was a lot that people like me had to endure every day, so it was better to be bloodless – but I was overwhelmed. Maybe, I thought, this is it: our time is coming. We will be recognised. Your face will not always be your fate. There will be resistance and change.

(B) I was mumbling something about how moving the photograph was, when my employer, the shopkeeper, said, "Why have these people involved politics in sport? Can't sport just be sport? They should leave it right out." I'd like to say I responded appropriately, or, rather, inappropriately, but I wouldn't have been able to say much, saving my many thoughts for writing, the only place I could speak freely. But I was certainly aware that in April of that year, in Birmingham, Enoch Powell[1] had made his infamous "rivers of blood" speech, which had, to say the least, a considerable impact on the lives of people of colour.

(C) I was reminded of the photograph of Smith and Carlos when I saw something equally notable, disruptive and carnivalesque: footage of the 18th-century slave-owner Edward Colston's statue being hurled into Bristol harbour by dozens of young, mostly millennial, anti-racists, cheering and dancing as the bronze effigy was drowned. Two of my children went to university in Bristol; they had to walk past that statue of a slaver on the way to class. Now they ask, why did it have to be there at all? And that is indeed a question worth asking about **everything like that**, over and over.

(D) I grew up in the world colonialism made, and I was taught to be ashamed of where we came from. My father, brought up in British India, used to say: we were told by the white master what a lavish favour they were doing us by colonising us. While they wouldn't want to be colonised themselves, they were, in fact, civilising us – and more: bringing us education, democracy, trains!

(E) After so long, what a break this insurrection or uprising is. After Brexit, Trump, Orbán, Le Pen and the escalation of fatuous populism with its scapegoating and persecution of minorities, this celebration of new voices looks like being our #MeToo moment, a paradigm shift, with some significant acknowledgement of how unalike the experiences of black and white people are, and of how traumatic the infliction of racism is. What is usually left out of accounts of racism is the enjoyment it gives to those dishing it out – that hit of power and privilege, so easily obtained, telling the other who is boss, who would want to give that up? My father and his family, who came to the west, were soon aware that the white master wanted it both ways, to use immigrant labour to build their economy, and to enjoy their share of colonialism – racism. To do that, we had to stay in our assigned place and acknowledge that **nothing is deeper than skin**. But that is over.

(F) The truth is that white people must be afraid. In their hearts they know it is only class, race and privilege keeping a lot of them in position. In a real competition these mediocrities would get nowhere. In a meritocracy they'd be sweeping the floor, as the immigrants do, if they were lucky. This is strange, because isn't capitalism supposed to be an ideology of individual liberation? We compete; our lives are projects; we could be entrepreneurs, reinventing ourselves for the market. Yet the ruling class use racism to shy away from real competition because they know it would relegate them.

(G) Sometimes one is tempted to give up on the world, and dismiss it as a hopeless thing that can never be improved, but then something comes along to lift the heart, so that pessimism looks like another form of cynicism. It takes a lot of effort to make the future. One or even several demonstrations will not achieve that. The effect will be cumulative. Some things are now impossible, and other things have become possible. And so this moment of economic breakdown and capitalistic stagnation, when neoliberalism is destroying the very ground on which it is built, is an opportunity.

(H) It was unforgettable, the faces of all of those young people, no longer only puppets of the market, fighting injustice and making the future. If they ask what we want, say: only the future. *(850 words)*

Hanif Kureishi: The Guardian, 26 Jun 2020.

Annotation

1 Enoch Powell (1912–1998) was a British politician and Conservative Member of Parliament (1950–1974), who in his "rivers of blood" speech strongly criticised mass immigration to the UK.

Task I: Mixed Reading Tasks (Racism has been the grinding backdrop ...) (8)

Mark the most suitable option by crossing the appropriate letter.

1 Multiple Choice (6)

1.1 Why was the image of the black power salute so special for the author? He …

- **A** ☐ felt it was the beginning of the end of racism.
- **B** ☐ was excited that black athletes had won.
- **C** ☐ finally understood the origin of his inner confusion.
- **D** ☐ was overwhelmed by the change in society.

1.2 The author's reaction to the shopkeeper's remark shows …

- **A** ☐ intolerance.
- **B** ☐ ignorance.
- **C** ☐ indifference.
- **D** ☐ insecurity.

1.3 What does the phrase 'everything like that' refer to? (paragraph C)

- **A** ☐ Symbols of suppression
- **B** ☐ Edward Colston's statue
- **C** ☐ A bronze effigy
- **D** ☐ Youth protests

1.4 The underlying tone in paragraph D can best be described as …

- **A** ☐ grateful.
- **B** ☐ submissive.
- **C** ☐ amused.
- **D** ☐ sarcastic.

1.5 Which statement is <u>not</u> true according to paragraph F?

- **A** ☐ A society based solely on performance would be fairer.
- **B** ☐ Racism is most common in capitalist societies.
- **C** ☐ Without racism, there would be more real competition.
- **D** ☐ The governing class use racism to secure their status.

1.6 Which statement summarizes paragraph G best?

A ☐ Pessimism is currently justified.

B ☐ Some defeats need to be accepted.

C ☐ The struggle is worthwhile.

D ☐ Neo-liberalism changes everything.

2 Mediation Englisch – Deutsch (2)

Beantworten Sie die folgende Aufgabe auf Deutsch.

Erklären Sie den Ausdruck „nothing is deeper than skin“ (Absatz E) im Textzusammenhang.

Text II **The Circle (excerpt)** By Dave Eggers

In this dystopian novel, American author Dave Eggers relates Mae Holland's experience as a tech worker for an immensely powerful Internet company.

My god, Mae thought. It's heaven. The campus was vast and rambling, wild with Pacific color, and yet the smallest detail had been carefully considered, shaped by the most eloquent hands. On land that had once been a shipyard, then a drive-in movie theater, then a flea market, then blight, there were now soft green hills and a Calatrava fountain. And a picnic area, with tables arranged in concentric circles. And tennis courts, clay and grass. And a volleyball court, where tiny children from the company's daycare center were running, squealing, weaving like water. Amid all this was a workplace, too, four hundred acres of brushed steel and glass on the headquarters of the most influential company in the world. The sky above was spotless and blue. Mae was making her way through all of this, walking from the parking lot to the main hall, trying to look as if she belonged. The walkway wound around lemon and orange trees and its quiet red cobblestones were replaced, occasionally, by tiles [**GAP 1**]. "Dream," one said, the word laser-cut into the red stone. "Participate," said another. There were dozens: "Find Community." "Innovate." "Imagine." She just missed stepping on the hand of a young man in a grey jumpsuit; he was installing a new stone that said "Breathe." On a sunny Monday in June, Mae stopped in front of the main door, [**GAP 2**].

Though the company was less than six years old, its name and logo – a circle surrounding a knitted grid, with a small 'c' in the center – were already among the best-known in the world. There were more than ten thousand employees on this, the main campus, but the Circle had offices all over the globe, and was hiring hundreds of gifted young minds every week. It had been voted the world's most admired company four years running. Mae wouldn't have thought she had a chance to work at such a place, but for Annie. Annie was two years older and they'd roomed together for three semesters in college, in an ugly building made habitable through their extraordinary bond, something like friends, something like sisters or cousins who wished they were siblings and would have reason never to be apart. Their first month living together, Mae had broken her jaw one twilight, [**GAP 3**]. Annie had told her to stay in bed, but Mae had gone to the 7-Eleven for caffeine and woke up on the sidewalk, under a tree. Annie took her to the hospital, and waited as they wired her jaw, and then stayed with Mae, sleeping next to her, in a wooden chair, all night, and then at home, for days, had fed Mae through a straw. It was a fierce level of commitment and competence that Mae had never seen from someone her age or near her age, and Mae was thereafter loyal in a way she'd never known she could be. While Mae was still at Carleton, [**GAP 4**], from art history to marketing to psychology, getting her degree in psych with no plans to go further in the field – Annie had graduated, gotten her MBA from Stanford and was recruited everywhere, but particularly at the Circle, and had landed here days after graduation. Now she had some lofty title – Director of Ensuring the Future, Annie joked – and had urged Mae to apply for a job. Mae did so, and though Annie insisted she pulled no strings, Mae was sure that Annie had, [**GAP 5**]. A million people, a billion, wanted to be where Mae was at this moment, entering this atrium, thirty feet high and shot through with California light, on her first day working for the only company that really mattered at all. She pushed open the heavy door. The front hall was as long as a parade, as tall as a cathedral. There were offices everywhere above, four floors high on either side, every wall made of glass. Briefly dizzy, she looked downward, and in the immaculate glossy floor, she saw her own face reflected, looking worried. She shaped her mouth into a smile, feeling a presence behind her. "You must be Mae." Mae turned to find a beautiful young head floating atop a scarlet scarf and white silk blouse. "I'm Renata," she said. "Hi Renata. I'm looking for –" "Annie. I know. She's on her way." A sound, a digital droplet, came from Renata's ear. "She's actually ..." Renata was looking at Mae [**GAP 6**]. Retinal interface, Mae assumed. Another innovation born here.

"She's in the Old West," Renata said, focusing on Mae again, "but she'll be here soon." Mae smiled. "I hope she's got some hardtack and a sturdy horse." Renata smiled politely but did not laugh. Mae knew the company's practice of naming each portion of the campus after a historical era; it was a way to make an enormous place less impersonal, less corporate. It beat Building 3B-East, where Mae had last worked. Her final day at the public utility in her hometown had been only three weeks ago – [**GAP 7**] – but already it seemed impossible she'd wasted so much of her life there. Good riddance, Mae thought, to that gulag and all it represented.

Renata was still getting signals from her earpiece. "Oh wait," she said, "now she's saying she's still tied up over there." Renata looked at Mae with a radiant smile. "Why don't I take you to your desk? She says she'll meet you there in an hour or so." [...]

"Okay, here you are." They stopped at a cubicle, grey and small and lined with a material like synthetic linen. Mae's heart faltered. It was almost precisely like the cubicle she'd worked at for the last eighteen months. It was the first thing she'd seen at the Circle that hadn't been rethought, that bore any resemblance to the past. The material lining the cubicle walls was – she couldn't believe it, it didn't seem possible – burlap. Mae knew Renata was watching her, and she knew her face was betraying something like horror. Smile, she thought. Smile. "This okay?" Renata said, her eyes darting all over Mae's face. Mae forced her mouth to indicate some level of satisfaction. "Great. Looks good." This was not what she expected. "Okay then. I'll leave you to get yourself acquainted with the workspace, and Denise and Josiah will be in soon to orient you and get you set up." Mae twisted her mouth into a smile again, and Renata turned and left. Mae sat, noting that the back of the chair was half-broken, that the chair would not move, its wheels seeming stuck, all of them. A computer had been placed on the desk, but it was an ancient model she hadn't seen anywhere else in the building. Mae was baffled, and found her mood sinking into the same sort of abyss in which she'd spent the last few years. *(1,156 words)*

Dave Eggers: The Circle, New York, 2013: 1–8. (abridged)

Task II: Mixed Reading Tasks (The Circle) (9)

1 Multiple matching (7)

There are seven gaps in the text. In the grid below, match each **gap (1–7)** with the most **suitable sentence (A–K)**. There are three more options than you need.

GAP	1	2	3	4	5	6	7
Sentence part							

	Sentence parts
A	after fainting, flu-ridden and underfed, during finals
B	standing below the logo etched into the glass above
C	they'd been stupefied when she gave notice
D	and she felt indebted beyond all measure
E	and she still contemplated her past
F	with imploring messages of inspiration
G	but was seeing something else
H	hands clenched into fists
I	meandering between majors
K	stepping out to a narrow catwalk of steel grating

2 Mediation Englisch – Deutsch (2)

Beantworten Sie die folgende Aufgabe auf Deutsch.

Erklären Sie anhand des Schlusssatzes *("Mae was baffled, and found her mood sinking into the same sort of abyss in which she'd spent the last few years.")* den Kontrast zwischen Maes Erwartungshaltung und der Realität.

Text III **21 Lessons for the 21st century (excerpt)** by Yuval Noah Harari

(A) The Industrial Revolution has bequeathed us the production-line theory of education. In the middle of town there is a large concrete building divided into many identical rooms, each room equipped with rows of desks and chairs. At the sound of a bell you go to one of these rooms together with thirty other kids who were all born the same year as you. Every hour some grown-up walks in, and starts talking. They are all paid to do so by the government. One of them tells you about the shape of the earth, another tells you about the human past, and a third tells you about the human body. It is easy to laugh at this model, and almost everybody agrees that no matter its past achievements, it is now bankrupt. **But so far we haven't created a viable alternative.** Certainly not a scalable alternative that can be implemented in rural Mexico rather than just in upmarket California suburbs.

(B) So the best advice I could give a fifteen-year-old stuck in an outdated school somewhere in Mexico, India or Alabama is: don't rely on the adults too much. Most of them mean well, but they just don't understand the world. In the past, it was a relatively safe bet to follow the adults, because they knew the world quite well, and the world changed slowly. But the twenty-first century is going to be different. Due to the growing pace of change you can never be certain whether what the adults are telling you is timeless wisdom or outdated bias.

(C) So on what can you rely instead? Perhaps on technology? That's an even riskier gamble. Technology can help you a lot, but if technology gains too much power over your life, you might become a hostage to its agenda. Thousands of years ago humans invented agriculture, but this technology enriched just a tiny elite, while enslaving the majority of humans. Most people found themselves working from sunrise till sunset plucking weeds, carrying water-buckets and harvesting corn under a blazing sun. It can happen to you too.

(D) Technology isn't bad. If you know what you want in life, technology can help you get it. But if you don't know what you want in life, it will be all too easy for technology to shape your aims for you and take control of your life. Especially as technology gets better at understanding humans, you might increasingly find yourself serving it, instead of it serving you. Have you seen those zombies who roam the streets with their faces glued to their smartphones? Do you think they control the technology, or does the technology control them? Should you rely on yourself, then? That sounds great on Sesame Street or in an old-fashioned Disney film, but in real life it doesn't work so well. Even Disney is coming to realise it. Just like Riley Andersen, most people hardly know themselves, and when they try to listen to themselves they easily become prey to external manipulations. The voice we hear inside our heads was never trustworthy, because it always reflected state propaganda, ideological brainwashing and commercial advertisement, not to mention biochemical bugs.

(E) As biotechnology and machine learning improve, it will become easier to manipulate people's deepest emotions and desires, and it will become more dangerous than ever to just follow your heart. When Coca-Cola, Amazon, Baidu or the government knows how to pull the strings of your heart and press the buttons of your brain, could you still tell the difference between your self and their marketing experts?

(F) To succeed in such a daunting task, you will need to work very hard on getting to know your operating system better. To know what you are, and what you want from life. This is, of course, the oldest advice in the book: know thyself. For thousands of years philosophers and prophets have urged people to know themselves. But this advice was never more urgent than in the twenty-first century, because unlike in the days of Laozi or Socrates, now you have serious competition. Coca-Cola, Amazon, Baidu and the government are all racing to hack you. Not your smartphone, not your computer, and not your bank account – they are in a race to hack you and your organic operating system. You might have heard that we are living in the era of hacking computers, but that's hardly half the truth. In fact, we are living in the era of hacking humans.

(G) The algorithms are watching you right now. They are watching where you go, what you buy, who you meet. Soon they will monitor all your steps, all your breaths, all your heartbeats. They are relying on Big Data and machine learning to get to know you better and better. And once these algorithms know you better than you know yourself, they could control and manipulate you, and you won't be able to do much about it. You will live in the matrix, or in The Truman Show. In the end, it's a simple empirical matter if the algorithms indeed understand what's happening within you better than you understand it, authority will shift to them.

(H) Of course, you might be perfectly happy ceding all authority to the algorithms and trusting them to decide things for you and the rest of the world. If so, just relax and enjoy the ride. You don't need to do anything about it. The algorithms will take care of everything. If however, you want to retain some control of your personal existence and of the future of life, you have to run faster than the algorithms, faster than Amazon and the government, and get to know yourself before they do. To run fast, don't take much luggage with you. Leave all your illusions behind. They are very heavy.

(964 words)

Yuval Noah Harari: 21 Lessons for the 21st century, London, 2018: 164–166. (abridged)

Task III: Mixed Reading Tasks (21 Lessons for the 21st century) (7)

1 Mediation Englisch – Deutsch (1)

Bearbeiten Sie die folgende Aufgabe auf Deutsch.

Erläutern Sie im Textzusammenhang, welche Kritik mit folgender Aussage ausgedrückt wird: *„But so far we haven't created a viable alternative"* (Absatz A).

____

____

____

____

____

2 Gapped Summary (paragraphs B–H) (6)

Fill the gaps in the summary with appropriate words or expressions (one word per line) from the corresponding sections of the text. Do not make any changes. Please also provide the number of the line in which you have found the word/expression.

Yuval Harari, the author of *21 Lessons for the 21st century,* advises teenagers to ask themselves if what grown-ups tell them is guided by genuine insight or simply by antiquated __________ (l. ___). Should they ignore experience and turn to technology instead? The example of the agricultural revolution proves that life-changing innovations may only be beneficial to a negligibly small number of people while __________ (l. ___) nearly everybody else. Today, technology determines our lives and, unlike movie characters in Disney films, we cannot rely on ourselves but are likely to become __________ (l. ___) to noxious influences from outside without being aware of it. According to Harari, it has become rather dangerous to just act according to our wishes, when major companies and even the government try to brainwash you. In fact, it has become a really __________ (l. ___) challenge to find out what drives you – your own innermost desires or subtle mechanisms of manipulation from outside. Some people, however, have already fallen victim to modern technology rather than controlling it, as they are constantly __________ (l. ___) to their electronic devices. As a way out, Harari suggests to __________ (l. ___) the power over your life and over everyone's future by getting to know yourself better and faster than the algorithms do.

WRITING

Text 1

Bereits Ende des vergangenen Jahres habe die Menschheit beim Erreichen der bis 2030 definierten UN-Nachhaltigkeitsziele hinterhergehangen, erklärten die Vereinten Nationen. „Wegen Covid-19 bedroht nun eine nie gesehene Gesundheits-, Wirtschafts- und Gesellschaftskrise Leben und Existenzgrundlagen, was das Erreichen der Ziele noch mehr zur Herausforderung macht“, sagte UN-Generalsekretär António Guterres.

Unter anderem würden voraussichtlich 71 Millionen Menschen in diesem Jahr wieder in Armut zurückfallen, heißt es in der neuesten Ausgabe des jährlichen UN-Berichts zu den 17 Nachhaltigkeitszielen, die sich die Weltgemeinschaft 2015 gegeben hatte. Es wäre der erste Anstieg seit 1998. Auch bei der Kinderarbeit könnte es erstmals seit Jahrzehnten wieder einen Anstieg geben. Die UN sagen zudem weltweit Hunderttausende Tote durch Probleme bei Gesundheits- und Impfversorgung voraus.

Überproportional oft seien weltweit Arme, Menschen mit Behinderungen und häufig auch Frauen von der Corona-Krise betroffen. Mehr als eine Milliarde Menschen in Slums würden die Krise wegen fehlenden Wasseranschlüssen daheim, wegen geteilter Toiletten und überfüllten öffentlichen Verkehrsmitteln besonders spüren.

Mit der im Jahr 2015 auf einem UN-Gipfel verabschiedeten Agenda 2030 für nachhaltige Entwicklung drückt die internationale Staatengemeinschaft ihre Überzeugung aus, dass sich die globalen Herausforderungen nur gemeinsam lösen lassen. Kernstück ist ein Katalog mit 17 Zielen für nachhaltige Entwicklung. Sie behandeln beispielsweise die Bekämpfung von Hunger, Geschlechtergerechtigkeit und den Kampf gegen die Klimakrise. *(209 Wörter)*

Text 2

In einem Interview des Spiegel hat die Exekutivsekretärin der Klimarahmenkonvention der Vereinten Nationen (UNFCCC), Patricia Espinosa, ihre Befürchtung ausgesprochen, dass Staaten aufgrund der Covid-19-Pandemie die Verpflichtungen des Pariser Klimaabkommens nicht einhalten könnten.

Dass Maßnahmen gegen Covid-19 derzeit an erster Stelle stünden, sei klar. Espinosa hob aber hervor, dass der Klimaschutz Teil der Lösung sein sollte: „Der Klimaschutz und Investitionen in grüne Technologien könnten vielen Ländern auf längere Sicht dabei helfen, ihre Wirtschaft wieder auf Kurs zu bringen.“

„Das ist die Chance für ein Umdenken“, so Espinosa. „Wir sollten die Krise als Chance begreifen, jetzt in Richtung Nachhaltigkeit zu gehen. Die letzten Jahre haben gezeigt, dass Staaten einen Vorteil haben, die in CO_2-sparende Technologien investieren. Auch viele Investoren denken bereits um – und das aus wirtschaftlichen, nicht aus klimapolitischen Überlegungen.“ *(128 Wörter)*

Source: https://www.unbonn.org/de/news/un-klimachefin-espinosa-die-coronakrise-ist-eine-chance-fuer-ein-umdenken (14. 04. 2020) (gekürzt und adaptiert)

Task IV: Mediation Deutsch – Englisch (12)

Die weltweite Corona-Pandemie wirft die Menschheit in Armutsbekämpfung, Gesundheitswesen und Bildung nach einem neuen UN-Bericht um Jahrzehnte zurück.
Verfassen Sie hierzu einen zusammenhängenden englischen Text (ca. 150 Wörter) unter Verwendung der beiden Textauszüge (Text 1 und Text 2).

Gehen Sie dabei auf die folgenden Aspekte ein:
- Zwei konkrete Auswirkungen von Covid-19 (laut jährlichem UN-Bericht)
- Situation in den Slums
- Überzeugung der UN und drei Ziele der Agenda 2030 für nachhaltige Entwicklung
- Klimaschutz als Chance

Task V: Material-Based Writing (24)

Choose ***one*** *of the following tasks (1 or 2) and write* ***at least 300 words****.*

1 The European Commission promotes language learning and linguistic diversity across Europe. They have the ambitious goal that all citizens learn at least two foreign languages.

Comment on why it is important these days to learn other foreign languages in addition to English.

Write a **composition** of **at least 300 words**. Include information from **all** the material provided.

Material 1

"With each language, you learn to free yourself from a trapped spirit."

Quote by Friedrich Rückert (1788–1866), a German poet, translator and professor of Oriental languages, who allegedly mastered 44 languages.

Source: https://www.quotespeak.com/life-quotes/knowledge-learning/learn-foreign-language-encouragement/ (05. 10. 2020)

Material 2 Two Worlds: Languages IRL and Online

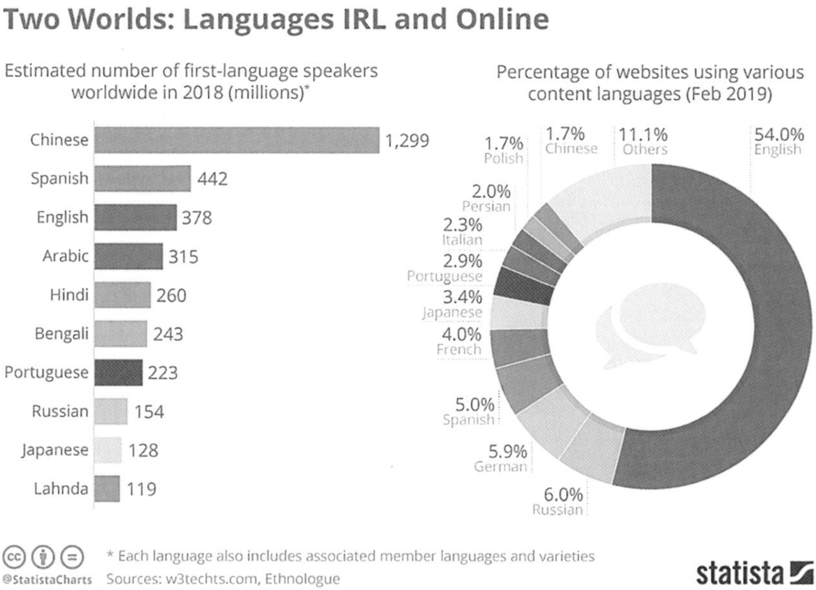

Please note: This graph compares languages IRL (In Real Life) with languages online.

Source: https://www.statista.com/chart/14900/two-worlds_languages-irl-and-online/ (21. 02. 2019)

Material 3 Übersetzer überflüssig?

Der beste Computerdolmetscher kommt derzeit aus Köln vom Start-up DeepL. (…) „DeepL ist inzwischen oft besser als manche Humanübersetzer“, räumt die Dolmetscherin Andrea Bernard in einem Beitrag für den Verband der Übersetzer und Dolmetscher (DVÜD) ein. Das könne Kunden tatsachlich dazu verführen, die Maschine statt teurer Menschen zu nutzen. Doch die Qualität sei trügerisch. „Bei DeepL glauben viele, man könne dem Ergebnis blind trauen und es unbesehen auf seiner Website oder in der Hochglanzbroschüre veröffentlichen“, warnt Bernard. Doch im Detail mache das System dann doch noch viele Fehler. (…) *(87 words)*

Oliver Voss: Übersetzer überflüssig? https://www.tagesspiegel.de/wirtschaft/sprachsoftware-deepl-und-acrolinx-uebersetzer-ueberfluessig/23884348.html

2 Even in developed countries socio-economic inequalities are still a problem.

Give reasons <u>**why**</u> **fighting social inequalities is beneficial for a society as a whole.**

Write a composition of **at least 300 words**. Include information from **all** the material provided.

Material 1

Mike Konopacki, 2013. Courtesy of the Tamiment Library, New York University

Material 2

Demokratieforscher sehen in der wachsenden sozialen Ungleichheit die größte Gefahr für die Demokratie, da sich immer mehr Menschen aus zentralen Bereichen der Gesellschaft ausgeschlossen fühlen und sich viele aus dem politischen System zurückziehen. Gleichzeitig hat die soziale Verunsicherung massiv um sich gegriffen, was auch zur Folge hat, dass Privilegien aggressiv verteidigt werden oder nach unten getreten wird. Der Rechtspopulismus lenkt die wachsende Unzufriedenheit geschickt auf Sündenböcke. Geflüchtete, Muslime, Juden und andere gesellschaftliche Gruppen werden zu Projektionsflächen für eigene Unsicherheiten. *(79 words)*

Andreas Merx: Soziale Ungleichheit. Die Demokratie ist in Gefahr. https://www.tagesspiegel.de/gesellschaft/soziale-ungleichheit-die-demokratie-ist-in-gefahr/25219858.html

Material 3 **Erkrankungen bei Kindern**

Häufigkeit ausgewählter Erkrankungen mit Eltern ohne Bildungsabschluss gegenüber Kindern von Eltern mit hohem Abschluss

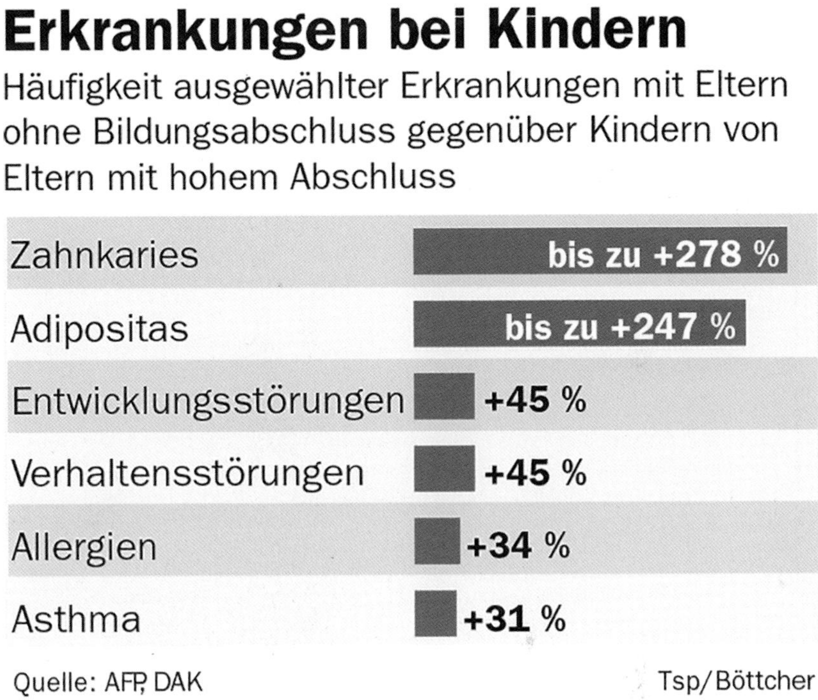

Quelle: AFP, DAK / Grafik: Rita Böttcher / Der Tagesspiegel

Lösungsvorschlag

READING

Task I: Mixed Reading Tasks (Racism has been the grinding backdrop …)

1 **TIPP**

- **Zu 1.1:** "our time is coming. […] Your face will not always be your fate. There will be […] change." (Z. 10/11)
  Als Schwarzer Jugendlicher wird man künftig nicht mehr von Rassismus betroffen sein.
  Option D ist nicht zutreffend, weil „overwhelmed" hier im Kontext so viel bedeutet wie „tief beeindruckt, emotional stark berührt". Es bezieht sich darauf, dass der Autor sich als normalerweise emotional sehr zurückhaltenden („bloodless" Z. 9) Menschen beschreibt, der sich von Gefühlen nicht mitreißen lässt.
- **Zu 1.2:** Der Autor würde gerne von sich sagen können, dass er angemessen auf die Äußerung des Ladeninhabers reagiert habe ("I'd like to say I responded appropriatley, or […] inappropriately" Z. 14/15), aber das war nicht der Fall („but I wouldn't have been able to say much" Z. 15). Das zeigt seine Verunsicherung.
- **Zu 1.3:** Der Autor erwähnt die Frage seiner Kinder, warum man früher die Statue eines Sklavenhalters aufgestellt habe. Daran schließt sich sein Gedanke an, dass man diese Frage im Zusammenhang mit allem stellen müsse, das für die Unterdrückung durch Rassisten steht („everything like that" Z. 26).
- **Zu 1.4:** Der Autor umreißt in diesem Absatz, wie der Kolonialismus den Nicht-Weißen einbläute, sich für ihre Herkunft schämen zu müssen, und wie froh die Kolonisierten doch sein müssten, dass ihnen die großzügigen Kolonisatoren die Errungenschaften der Zivilisation brachten.
  Die Option „sarkastisch" (D) beschreibt den Ton des Autors also am besten. Die Intentionen „dankbar" (A), „unterwürfig" (B) und „belustigt" (C) treffen die Intention des Autors nicht.
- **Zu 1.5:** Option A findet sich in Z. 46/47: „Meritocracy" bedeutet, dass v. a. Leistung zählt, was fairer ist, als wenn primär die Hautfarbe zählt.
  Option C in Z. 44/45: Eine offene Gesellschaft bedeutet fairen Wettbewerb und Chancen unabhängig von der Hautfarbe, während in einer latent oder offen rassistischen Gesellschaft soziale Klasse, Hautfarbe und Privilegien („only class, race and privilege") den Weißen Vorteile verschaffen.

Option D in Z. 49/50: Die gesellschaftlich Mächtigen („the ruling class“) sorgen durch Rassismus dafür („use racism“), dass es keine Chancengerechtigkeit gibt („shy away from real competition“), denn diese würde für manche von ihnen den Verlust von Macht und Überlegenheit bedeuten („real competition … would relegate them“).

– **Zu 1.6:** Man könnte versucht sein, aufzugeben („tempted to give up on the world“ Z. 51), aber der Einsatz für eine bessere Welt lohnt sich („the struggle is worthwhile“), weil es immer wieder Anlässe gibt, die Mut machen („lift the heart“ Z. 52), weil manche Dinge mit der Zeit möglich wurden („things have become possible“ Z. 55) und weil Krisenzeiten („economic breakdown“ Z. 56) auch Chancen („opportunity“ Z. 57) bergen.

1.1 Why was the image of the black power salute so special for the author? He …

A ☒ felt it was the beginning of the end of racism.

1.2 The author's reaction to the shopkeeper's remark shows …

D ☒ insecurity.

1.3 What does the phrase 'everything like that' refer to? (paragraph C)

A ☒ Symbols of suppression

1.4 The underlying tone in paragraph D can best be described as …

D ☒ sarcastic.

1.5 Which statement is not true according to paragraph F?

B ☒ Racism is most common in capitalist societies.

1.6 Which statement summarizes paragraph G best?

C ☒ The struggle is worthwhile.

2 Nichts hatte so starke Auswirkungen auf die Möglichkeiten, die man im Leben hat, wie die Hautfarbe und damit hatte man sich abzufinden.

1 **TIPP**

- **Zu 1.1:** Auf dem Fußweg, den Mae entlanggeht, finden sich immer wieder Platten mit Botschaften, die im Betrachter etwas anstoßen sollen („messages of inspiration"): Man soll träumen („Dream" Z. 12), sich einbringen („Participate" Z. 13), seine Fantasie nutzen („Imagine" Z. 14), usw.
- **Zu 1.2:** Über dem Haupteingang („main door" Z. 16) ist das Firmenlogo angebracht. Das Logo wird auch im folgenden Satz erwähnt (Z. 17).
- **Zu 1.3:** Mae hat sich den Kiefer gebrochen, weil sie nicht im Bett blieb, wie Annie ihr geraten hatte (Z. 27), sondern trotz Grippe („flu-ridden") und ohne etwas im Magen („underfed") aus dem Haus ging. Auf dem Gehweg ist sie dann ohnmächtig geworden („fainting") und gestürzt.
- **Zu 1.4:** Carleton ist eine Universität und Mae wechselte dort zwischen verschiedenen Hauptstudienfächern („majors") hin und her („meandering"), ehe sie dann in Psychologie einen Abschluss erwarb („degree in psych" Z. 34).
- **Zu 1.5:** Mae hat eine Anstellung bei Circle bekommen, was sehr viele wollen, aber längst nicht alle bekommen („A million […] wanted to be where Mae was at this moment" Z. 39/40). Annie hatte Mae zu dieser Bewerbung gedrängt (vgl. Z. 38), und auch wenn Annie sagt, sie habe keine Beziehungen spielen lassen („pulled no strings" Z. 38/39), ist Mae überzeugt, dass Annie sich für sie eingesetzt hat, und ist ihr dafür über alle Maßen dankbar („indebted beyond all measure"; „indebted" bedeutet hier, dass Mae in Annies Schuld steht).
- **Zu 1.6:** Renata schaut Mae an (vgl. Z. 49/50), sieht dabei aber wohl etwas anderes und zwar über eine Art Schnittstelle auf der Netzhaut („retinal interface" Z. 50), eine Erfindung („innovation" Z. 50) von Circle.
- **Zu 1.7:** Maes vorheriger Arbeitgeber, ein öffentliches Versorgungsunternehmen („public utility" Z. 57), war ganz erstaunt („stupefied"), als Mae ihre Kündigung einreichte („gave notice").

GAP	1	2	3	4	5	6	7
Sentence part	F	B	A	I	D	G	C

2 Mae erwartet einen hochmodern ausgestatteten Arbeitsplatz in einem technologischen Spitzenunternehmen. Tatsächlich ist ihr neuer Arbeitsplatz so dürftig ausgestattet wie der bei ihrem vormaligen Arbeitgeber.

Task III: Mixed Reading Tasks (21 Lessons for the 21st century)

1 Das herkömmliche Schulsystem hat unübersehbar seine Schwächen, aber es gibt bislang keine brauchbare Alternative dazu.

2 **TIPP**

Achten Sie beim *Gapped Summary* auf folgende Angaben: „one word per line", „from the corresponding sections of the text" und "Do not make any changes".

- **bias (Z. 18):** Bezugspunkte zwischen *Gapped Summary* (GS) und Originaltext (OT) sind: „advises teenagers" (GS) vs. „the best advice I could give a fifteen-year-old" (OT Z. 12); „genuine insight" (GS) vs. „timeless wisdom" (OT Z. 17/18); „or [...] antiquated" (GS) vs. „or outdated" (OT Z. 18)
- **enslaving (Z. 22):** „innovations" (GS) vs. „invented" (OT Z. 22); „negligibly small number of people" (GS) vs. „tiny elite" (OT Z. 22); „while ... nearly everybody else" (GS) vs. „while [...] the majority of humans" (OT Z. 22/23)
- **prey (Z. 35):** „are likely to become ... to noxious influences from outside" (GS) vs. „easily become [...] to external manipulations" (OT Z. 35/36)
- **daunting (Z. 44):** „challenge" (GS) vs. „task" (OT Z. 44); „your own innermost desires" (GS) vs. „what you want from life" (OT Z. 45/46)
- **glued (Z. 31):** „to their electronic devices" (GS) vs. „to their smartphones" (OT Z. 31); „have already fallen victim to modern technology rather than controlling it" (GS) vs. „they control the technology, or does the technology control them?" (OT Z. 31/32)
- **retain (Z. 66):** „the power over your life and over everyone's future" (GS) vs. „some control of your personal existence and of the future of life" (OT Z. 66/67)

Yuval Harari, the author of *21 Lessons for the 21st century,* advises teenagers to ask themselves if what grown-ups tell them is guided by genuine insight or simply by antiquated **bias** (l. **18**). Should they ignore experience and turn to technology instead? The example of the agricultural revolution proves that life-changing innovations may only be beneficial to a negligibly small number of people while **enslaving** (l. **22**) nearly everybody else. Today, technology determines our lives and, unlike movie characters in Disney films, we cannot rely on ourselves but are likely to become **prey** (l. **35**) to noxious influences from outside without being aware of it. According to Harari, it has become rather dangerous to just act according to our wishes, when major companies and even the government try to brainwash you. In fact, it has become a really **daunting** (l. **44**) challenge to find out what drives you – your own innermost desires or subtle mechanisms of manipulation from outside. Some people, however, have already fallen victim to modern technology rather than controlling it, as they are constantly **glued** (l. **31**) to their electronic devices. As a way out, Harari suggests to **retain** (l. **66**) the power over your life and over everyone's future by getting to know yourself better and faster than the algorithms do.

WRITING

Task IV: Mediation Deutsch – Englisch

TIPP

Das Besondere bei dieser Mediationsaufgabe ist, dass Sie die Informationen aus zwei verschiedenen Texten ziehen müssen. Allerdings finden sich in diesem Fall alle Informationen zu den ersten drei Spiegelstrichen (Auswirkungen von Covid-19, Situation in den Slums, Überzeugung der UN und Ziele der Agenda) im ersten Text und alle Informationen zum letzten Spiegelstrich (Klimaschutz als Chance) in Text 2, sodass Sie sich in Ihrer Lösung an der Struktur der Texte orientieren können und alle notwendigen Informationen schnell finden werden.

Einleitung: Auswirkungen von Covid-19

According to the latest issue of the annual UN Report on Sustainability, 71 million people were expected to fall back into poverty in 2020, and child labour saw a rise for the first time in decades.
[3rd aspect: On a global basis the UN predicts hundreds of thousands of deaths due to problems concerning healthcare and the supply of vaccines.]

Situation in den Slums

More than a billion of those living in slums will be particularly affected by the COVID crisis because they lack water connections at home, must share toilets or must use crowded public transportation.

Überzeugung der UN und Ziele

The UN are convinced that global challenges can only be met in a joint effort. Among these challenges are the fight against hunger, the fight for more gender equality and mitigating the climate crisis.

Schluss: Klimaschutz als Chance

Patricia Espinosa, executive secretary of the UNFCCC, says that in the long run tackling climate change could help many countries to get their economies back on track. The crisis should be considered an opportunity to try new avenues and head for more sustainability. Countries which invest in technologies that reduce CO_2 emissions actually benefit from doing so. *(170 words)*

1 **TIPP**

Mögliche Auswertung der Materialien:

M1: The more languages you learn, the more you learn about other cultures, historical backgrounds, attitudes and values etc.

M2: Statistically, in real life there is a bigger chance of meeting natives who speak Chinese or Spanish than of meeting natives who speak English.
Predominance of English online, but there are still many websites which do not use English as a content language.

M3: Translator apps may be helpful but cannot be trusted blindly.

Möglicher Aufbau:

(1) Kurze Hinführung zum Thema: Übersetzungsprogramme helfen nicht immer.
(2) Warum es wichtig ist, neben Englisch andere Fremdsprachen zu lernen:
- Cope with everyday situations abroad.
- Many websites do not use English as a content language.
- Learn more about other cultures etc.
- Improve opportunities on the job market.

(3) Abrunden des Aufsatzes mit Resümee, persönlicher Einschätzung o. Ä.

Einleitung: Hinführung zum Thema
Material 3

The European Commission aims at all its citizens learning at least two foreign languages. We may not think that we are in need of foreign languages since cutting-edge translator apps are doing a great job, some of them even a better one than human translators in part. However, these apps are not perfect and a good command of foreign languages is still very helpful. Here is more on why it makes sense to learn other foreign languages apart from English:

Cope with everyday situations abroad
Material 2

Although English is the standard foreign language taught in schools in almost any EU member state, you cannot avoid situations abroad, especially in rural areas, in which English alone does not get you anywhere. Being able to express yourself in the local language can give you a big advantage in restaurants, in remote youth hostels, at the train station or at car rental services.

Websites
Material 2

Similarly, although English is a content language on 54 per cent of websites, that means that almost half of all websites require foreign languages other than English. Mastering Spanish or French or German extends the number of websites you can use. Furthermore, at least statistically speaking, in real life you have a bigger chance of meeting natives who speak Chinese or Spanish than of meeting natives who speak English.

Material 2

In addition, learning foreign languages is a marvellous opportunity to expand your horizons, and learn more about foreign cultures and historical contexts, and become more familiar with values and attitudes to life which prevail in other countries.

Material 1

Last but not least, the command of foreign languages opens up new opportunities on the job market. Being able to communicate in languages in addition to your mother tongue and English may open the doors to career activities which you could otherwise only dream of.

Berufsleben

Europe is a continent rich in languages. It would be very helpful if English had an even broader basis as a lingua franca in Europe. However, we are not just Germans or Italians or Slovaks, we are also Europeans. The EU motto is "United in diversity", which includes linguistic diversity. We are invited to live this diversity, whether we learn one of the established languages like French or Spanish, or whether we dedicate ourselves to rarities like Czech or Danish or Polish. *(377 words)*

Schluss:
Fazit

2 **TIPP**

Mögliche Auswertung der Materialien:

M1: The gender pay gap puts women at a disadvantage.

M2: Democracy is at risk because parts of society feel left behind and excluded.

M3: Social inequality in the field of health leads to higher costs in health insurance.

Die Aufgabenstellung verlangt, dass man in der Argumentation immer auf den Bezug zur Gesellschaft als Ganzes achtet.

Möglicher Aufbau:

(1) Kurze Hinführung zum Thema
(2) Warum die Beseitigung sozialer Ungleichheiten für die Gesellschaft als Ganzes von Vorteil ist:
- Democracy
- Gender equality
- Public health
(3) Society at risk

Populist politicians such as Donald Trump, Victor Orbán or Marie Le Pen do little to fight social inequality, but have perfected their ability to take advantage of the outrage and despair that go along with social and economic inequality. As this inequality causes and deepens rifts in a society and threatens our democracy, fighting social inequality is a necessity.

Einleitung:
Hinführung zum Thema

Social inequality gradually excludes a growing number of people from social and political participation, for example. People work hard but cannot make ends meet because they are badly paid, cannot find affordable housing and cannot lay the foundations for a good future for their children. At the same time, they see that other sections of society are living their lives to the full. As a result, they feel left behind, are more prone to vote for right-wing (or left-wing) populists, as can be seen in Brazil, the US or Venezuela, and may even give up taking part in elections completely. Some start to blame scapegoats like refugees or Muslim immigrants for their miserable living conditions. This creates and increases tensions within society, diminishes people's trust in social and political institutions and, in the long run, destabilises democracy and social cohesion.

Demokratie in Gefahr

Material 2

Another important topic when it comes to equal opportunities is gender equality. If a country does not enable men and women to participate in the economy equally, its social and economic development will be hampered. The gender pay gap – which means that on average women earn only 80 per cent of what men earn – not only discriminates against women, who perform better at schools and university on average, but may, for instance, lead to women not wanting to have children, which poses a problem in an ageing society. In contrast our society as a whole needs families with each parent getting their fair share of work life, pay and family chores.

Gender-gerechtigkeit

Material 1

Another grave consequence of social inequality is the fact that the children of parents without degrees are much more likely to be affected by severe health problems. Tooth decay, obesity, allergies and behavioural disorders are much more common among these children than among the children of parents with degrees. This places a heavy burden on the healthcare system. Obviously therefore reducing or even removing social inequality in fields like public health and education has considerable long-term advantages for the whole of society when it comes to cost.

Soziale Gerechtigkeit

Material 3

To sum up, inequalities are not unfair per se. If they exceed a tolerable level, however, they have the potential to divide a society and ultimately destroy it. This is why we must address inequalities before they become destructive. *(436 words)*

Schluss

READING

Text I **Crooked Letter, Crooked Letter** by Tom Franklin

The following is an excerpt of the novel 'Crooked Letter, Crooked Letter', which is set in a small place named Chabot in Mississippi, a state in the American South, in the late 1970s.

The first thing he noticed was that they didn't have coats. It was just after dawn in March 1979, a Monday, Larry's father driving him to school and dragging a fume of blue exhaust behind his Ford pickup. The spring holidays had come and passed, but now a freakish cold snap had frozen the land, so frigid his mother's chickens wouldn't even leave the barn, the evergreens a blur outside the frosted truck window and him lost in yet another book. He was in eighth grade and obsessed with Stephen King and looked up from Salem's Lot when his father braked.

The pair of them was standing at the bend in the road by the store, a tall, thin black woman and her son, about Larry's age, a rabbit of a boy he'd seen at school, a new kid. He wondered what they were doing here, this far out, before the store opened. Despite the cold the boy wore threadbare jeans and a white shirt and his mother a blue dress the wind curved over her figure. She wore a cloth around her hair, breath torn from her lips like tissues snatched from a box.

His father passed without stopping, Larry turning his head to watch the boy and his mother peer at them from outside.

Larry turned. "**Daddy?**"

"Ah dern," said his father, jabbing the brakes. He had to back up to meet them, then he leaned past Larry on the truck's bench seat and rattled the knob and they were in a burst of freezing air that seemed to swirl even after the woman had shut the door.

They were all forced together, Larry against the boy on one side and his father on the other, uncomfortable because he and his father almost never touched, awkward handshakes, whippings. For a moment the four sat as if catching their breath after a disaster, the truck idling. Larry could hear the boy's teeth clacking.

Then his father said, "Larry, throw a log on that dad-blame fire. Warm these folks up." He turned the heater to HI and soon the black boy beside Larry had stopped shivering. "Alice," said his father, pulling onto the road, "introduce these younguns."

"Larry," the woman said, as if she knew him, "this is Silas. Silas, this is Larry."

They smelled like smoke, Silas and his mother, and Larry realized where they must live. His father owned over five hundred acres and on the south east end was an old log hunting cabin centered along with a few trees in a field. Bare furnishings inside, dirt floor, no water or electricity. Heated by a woodstove. But when had they moved in? And by what arrangement?

Larry stole a look at the boy beside him and then pretended to read his book. He was terrified of black kids. The fall after the summer he turned eleven he had entered the seventh grade. Recent redistricting of county schools had removed him from the public school in Fulsom and forced him to go to the Chabot school, where 80 percent of the student population (and a lot of the teachers) were black.

"What grade you in?" Larry asked.

Silas looked at his mother. "Tell him," she said. "Eighth," he said.

"Me, too."

In Fulsom his father dropped the boys off at school, Alice climbing out and then Silas, Larry aware how unusual, inappropriate, it was for black people to be getting out of a white man's truck. As he slid across the seat Larry glanced back at his father, who faced the road. Silas had disappeared – probably as aware as Larry of **the oddity of their situation** – and Larry stepped past the woman called Alice, seeing for the first time, as she smiled at him, how lovely she was. "Good-bye," she said.

"Bye," he mumbled and walked off with his books. He glanced back, once, and saw his father saying something, the woman shaking her head.

His mother picked him up that afternoon, as usual, and, as usual, quizzed him about his day. She seemed surprised about their morning passengers. She asked where they'd been standing.

"They didn't have coats," he said.

"Where do they live?" she asked.

He sensed he'd said too much already, though, and said he didn't know. For the rest of the ride, his mother was quiet.

Wherever Alice and Silas lived, they were there the next morning, same place, same time. Wednesday and Thursday passed, each day the colored people waiting, his mother picking him up in the afternoon and quizzing him on the morning trip. Did the woman seem friendly to his father? How did his father act? Was he stiff, the way he could be, was, most of the time? Or was he –

"Why do you care?" Larry asked.

She didn't answer.

"I think," he said, worried he'd hurt her, "they live in that old place down in the southeast acreage." "Do they," his mother said.

At supper that night he could tell something was wrong. Now neither of his parents spoke as they sat around their dining table and passed squash and meat loaf. And just before she rose to gather their dishes, his mother announced that she would drive Larry to school the following day, in her car.

His father glanced at Larry. "How come, Ina?"

"Oh," she said. "I've got some things to return at Bedsole's."

His father nodded, then looked at Larry before pushing back from the table and bending into the refrigerator for a Budweiser and opening it on the way to his chair to watch the news.

As Larry dried the plates his mother handed him, he understood that he had betrayed a trust between himself and his father, and the next morning, in his mother's Buick, she turned at the bend in the road where Alice and Silas waited, shivering, holding on to each other. As his mother slowed, Larry saw Silas push away from Alice, just as he would have done. Her drawn face pretty, her hair in a scarf but her eyes large and frightened.

"Honey," said Larry's mother, "roll your window down, please." Without looking away from the woman, Larry turned his window crank. "Hello, Alice," his mother called as the glass descended. "Miss Ina," Alice said.

Larry's mother reached over the seat behind them and withdrew a paper grocery bag. From it she took two heavy winter coats, old ones from their hall closet, one of hers for Alice and one of Larry's for Silas. "These should fit," she said, funneling them out the window.

Alice held her coat, didn't even put it on.

"You've never minded," Larry's mother said to Alice, looking hard at her, "using other people's things." Then she pressed the accelerator and left them holding their coats in Larry's side mirror.

They were never there again, Silas and his mother. And now Larry and his father, who'd had little to say before, rode the miles of dirt road and two-lane blacktop without a word, just the radio's agricultural report and the heater blowing on their feet.

(1,179 words)

Tom Franklin, Crooked Letter Crooked Letter, William Morrow: New York 2010, pp. 20–22 (abridged and adapted)

Task I: Mediation Englisch – Deutsch (Crooked Letter, Crooked Letter) (8)

Bitte bearbeiten Sie die folgenden Aufgaben auf Deutsch.

1 Erläutern Sie Larrys Einwand „Daddy?“ (Z. 16) im Textzusammenhang. (2)

____

____

____

2 Wodurch geht zum ersten Mal aus dem Text hervor, dass der Vater Silas Mutter kennt? (1)

____

____

____

3 Erklären Sie aus dem Textzusammenhang, was mit „the oddity of their situation“ (Z. 44/45) gemeint ist. (1)

____

____

____

4 Larrys Mutter übergibt Alice und Silas die Mäntel mit den Worten:

"You've never minded […] using other people's things." (Z. 88/89)

Geben Sie zwei weitere Interpretationen dieser Aussage auf der Basis des Textauszugs. (2)

Sie spielt mit dieser Aussage darauf an, dass …

– *der Vater die Frau und ihren Sohn öfter im Auto mitnimmt,*

– ____

____

– ____

____

5 Wie hat sich das Verhältnis von Larry zu seinem Vater am Ende der Geschichte im Vergleich zu ihrem Beginn verändert und was war der Grund dafür? (2)

____

____

____

____

____

Text II **20 Years on, the War on Terror Grinds Along** by Mark Landler

(A) When President Biden told an exhausted nation on Aug. 31 that the last C-17 cargo plane had left Taliban-controlled Kabul, ending two decades of American military misadventure in Afghanistan, he defended the frantic, bloodstained exit with a simple statement: "I was not going to extend this forever war." And yet the war grinds on.

(B) As Mr. Biden drew the curtain on Afghanistan, the C.I.A. was quietly expanding a secret base deep in the Sahara, from which it runs drone flights to monitor Al Qaeda and Islamic State militants in Libya, as well as extremists in Niger, Chad and Mali. The military's Africa Command resumed drone strikes against the Shabab, a Qaeda-linked group in Somalia. The Pentagon is weighing whether to send dozens of Special Forces trainers back into Somalia to help local troops fight the militants.

(C) Even in Kabul itself, a fiery drone strike on men believed to be Islamic State plotters targeting the airport portended a future of military operations there. The attack, which the Pentagon called a "righteous strike" to avert another deadly suicide bombing, showcased America's "**over the horizon**" abilities, to use a phrase favored by Mr. Biden. Family members denied that the men being targeted were militants and said the strike killed 10 people, seven of them children.

(D) Twenty years after the terrorist attacks of September 2001, the so-called "war on terror" shows no sign of winding down. It waxes and wanes, largely in the shadows and out of the headlines – less an epochal clash than a low-grade condition, one that flares up occasionally, as in 2017, when Islamic State militants ambushed American and local soldiers outside a village in Niger, killing four Americans.

(E) Taking stock of this war is difficult because it is inseparable from the twin calamities of Afghanistan and Iraq. In those countries, the United States reached beyond the tactics of counterterrorism for a more ambitious, ill-fated project to remake fractured, tribal societies into American-style democracies. Those failures are etched in the shameful images of prisoner abuse at Abu Ghraib in Iraq or of desperate Afghans falling from the belly of an American plane. They are documented in the deaths of more than 7,000 American service members, hundreds of thousands of civilians and trillions of squandered American dollars.

(F) The counterterrorism war, on the other hand, much of it waged covertly, defies such metrics. More and more of it involves partners. Large parts of it occur in distant places like the Sahel or the Horn of Africa. American casualties, for the most part, are limited. And success is measured not by capturing a capital or destroying an enemy's army, but by breaking up groups before they have a chance to strike the American homeland or overseas assets like embassies and military bases.

(G) By that yardstick, say counterterrorism experts, the war on terror has been an undisputed success. "If you had said on 9/11 that we'd have only 100 people killed by jihadi terrorism and only one foreign terrorist attack in the United States over the next 20 years, you'd have been laughed out of the room," said Daniel Benjamin, the State Department's coordinator for counterterrorism in the Obama administration. "The fact that it had to be accompanied by two wars makes it hard for people to disaggregate how successful counterterrorism policies have been," said Mr Benjamin, now the president of the American Academy in Berlin.

(H) There are other explanations for the **lack of a major foreign attack**: tighter border security and the ubiquity of the internet, which has made it easier to track and disrupt jihadi movements, or the upheavals of the Arab Spring, which shifted the sights of extremists to their own societies. Nor is it accurate to say that the West has been shielded from the scourge of terrorism. The 2004 Madrid train bombing, the 2005 London bus and subway bombings and the 2015 attacks on a nightclub and stadium in Paris all bore the hallmarks of the kind of well-organized attack that brought fire and death to Lower Manhattan and the Pentagon. "The war on terror can only be assessed as relatively successful inside the Western world, more within the United States than with respect to Western Europe as a whole," said Fernando Reinares, the director of the Program on Violent Radicalization and Global Terrorism at the Elcano Royal Institute in Madrid.

(I) Still, in comparison to the comprehensive failures in Iraq and Afghanistan, the "other" war on terror has so far achieved its bedrock goal of protecting the United States from another 9/11-type attack. The question is: At what cost? The abuses and excesses of war – from torture to remote-control killing by drone – have cost the United States moral authority around the world. Its occupying armies spawned a new generation of Qaeda franchises, while the black-clad fighters of the Islamic State swarmed into the vacuum left by departing American troops in Iraq. And the financial drain from a sprawling counterterrorism campaign has been vast, fueling the military's budgets even years after major combat in Afghanistan and Iraq ended.

(J) Will the United States be able to sustain this colossal expense in an era where Mr. Biden is trying to **recalibrate** American foreign policy to tackle new challenges, like climate change, pandemics and the great-power rivalry with China? […] *(891 words)*

20 Years on, the War on Terror Grinds Along by Mark Landler,
www.nytimes.com/2021/09/10/world/europe/war-on-terror-bush-biden-qaeda.html, 14. 12. 2021
(abridged and adapted), From The New York Times.

Task II: Mixed Reading Tasks (20 Years on, the War on Terror Grinds Along) (8)

Mark the most suitable option by crossing the appropriate letter.

1 Multiple Choice (5)

1.1 According to the text, the war on terror has …

- **A** ☐ been redirected to African and Arab countries.
- **B** ☐ eventually been completed after twenty years.
- **C** ☐ mainly targeted Arab countries and territories.
- **D** ☐ been continuing and there is still no end in sight.

1.2 President Biden uses the phrase "over the horizon" (l. 14) to emphasize that the …

- **A** ☐ United States has the capability to strike anywhere in the world.
- **B** ☐ US military will review its strategies regarding drone strikes.
- **C** ☐ victims of military interventions have included civilians.
- **D** ☐ US Air Force is the most effective weapon in the war on terror.

1.3 According to paragraph E, what illustrates the failure of the US intervention in Afghanistan and Iraq?

- **A** ☐ the lack of structural and medical aid for the local population
- **B** ☐ the inability to convince the locals of the benefits of peace
- **C** ☐ embarrassing incidents of US soldiers becoming victims of abuse
- **D** ☐ unsuccessful attempts to establish more pluralistic societies

1.4 The "lack of a major foreign attack" (l. 44) can <u>not</u> be explained by …

- **A** ☐ the online surveillance of extremists.
- **B** ☐ an unrecognized decrease in extremism.
- **C** ☐ domestic conflicts in Arab countries.
- **D** ☐ stricter safety measures at frontiers.

1.5 Which of the following consequences of the war on terror is <u>not</u> mentioned in paragraphs I–J?

- **A** ☐ ethical dilemmas
- **B** ☐ spin-off terror groups
- **C** ☐ voter disillusionment
- **D** ☐ monetary burden

2 Mediation Englisch – Deutsch

Bitte bearbeiten Sie die folgenden Aufgaben auf Deutsch.

2.1 Erläutern Sie, weshalb der Terrorismus-Experte Daniel Benjamin den „Krieg gegen den Terror" als Erfolg ansieht. (1)

2.2 Erklären Sie mit Bezug auf die im Text genannten Beispiele, was mit „recalibrate" (Z. 66) im Textzusammenhang gemeint ist. (2)

Text III Berlin's No 1 digital detective agency is on the trail of human rights abusers by Philip Oltermann

(A) With its high ceilings, white walls and bleached pine furniture it could be one of the many artist's studios or galleries that dot this corner of central Berlin. A grey curtain with plastic holes, stitched together by Franco-Italian artist Celine Condorelli, snakes between desks to divide the room into public and private spaces.

(B) In fact, this second-floor space inside a beige brick former soap factory is something closer to a newsroom or a detective agency, tripling up as a lawyers' chambers. Next month it will formally be launched to host the Investigative Commons, a kind of superhub for organisations whose work has revolutionised the field of human rights activism.

(C) Most of the desks will be taken up by Forensic Architecture, a team of architects, archaeologists and journalists whose digital models of crime scenes have been cited as evidence at the international criminal court, contributed to the sentencing of the neo-Nazi leaders of Greece's Golden Dawn party, and led to an unprecedented apology from Benjamin Netanyahu over the accidental killing of a Bedouin teacher. Then there is the European Center for Constitutional and Human Rights (ECCHR), a human rights NGO, which last year brought to court the first worldwide case against Syrian state torture.

(D) Bellingcat – the organisation started by British blogger Eliot Higgins that revealed the perpetrators behind the poisonings of MI6 double agent Sergei Skripal and Russian opposition activist Alexei Navalny – will have its name on a desk as well as Mnemonic, a Berlin-based group of Syrian exiles who build databases to archive evidence of war crimes in their homeland, and Laura Poitras, the US film-maker who worked with whistleblower Edward Snowden to expose the National Security Agency's (NSA) global surveillance programme.

(E) They all share, says Poitras, "a commitment to primary evidence": each group works on the cutting edge of the mass-harvesting, modelling and examination of publicly available material from Google Earth, social media posts or YouTube videos. In the post-truth era, they excel at the painstaking task of corroborating the facts behind disputed events. "The traditional model for human rights work is that you have a big NGO that sends experts to the frontline of a conflict, speaks to sources and then writes up a report on their return," says Forensic Architecture's British-Israeli founder Eyal Weizman. "Nowadays, evidence is produced by people on the frontline of the struggle. You no longer have one trusted source but dozens of sources, from satellite images to smartphone data. Our challenge lies in assembling these sources."

(F) These groups have occasionally collaborated, but have broadly followed their own paths for over a decade. The decision to pool their investigative tools, with the added legal heft of ECCHR, is a sign that open-source investigations could be coming of age, moving one step further away from art and academia towards a world where their work will be ultimately judged by a sober, bewigged individual in a courtroom. "Facts need good litigators," says Weizman. "Human rights work is transforming: you used to have these big clearing-house-style NGOs that did everything. Now it's more like an ecosystem of investigators and litigators. Rather than one person writing up a report, there is a constant workshop, with people being brought in all the time as long as confidentiality allows."

(G) As with any all-star team, there is a risk of key players stepping on each other's toes as they jockey for the same position on the field. "Of course there's a certain tension," says ECCHR's founder, Wolfgang Kaleck. "You have to be aware which pitch you are playing on at any given stage, and what the rules of the game are." The first showcase of the physical collaboration is a joint investigation documenting human rights abuses in Yemen. Syrian journalist Hadi al-Khatib's Mnemonic has amassed and verified thousands of videos of airstrikes in the multisided civil war on the southern end of the Arabian peninsula. Forensic Architecture applied its own mapping software to tell the story of these incidents through time and space. Evidence from the scenes of these attacks, such as fragments of munition found on site, then provided clues as to the identity of the western manufacturers of the weapons used – which is where ECCHR's lawyers have come in. The fact that this assembly line for investigations into human rights abuses will be physically located in Berlin has much to do with the German capital's history and social environment – but also the conditions for investigative work in post-Brexit Britain. *(762 words)*

Berlin's No 1 digital detective agency is on the trail of human rights abusers by Philip Oltermann, www.theguardian.com/law/2021/jun/27/berlins-no-1-digital-detective-agency-is-on-the-trail-of-human-rights-abusers, 30. 11. 2020 (abridged and slightly adapted)

Task III: Mixed Reading Tasks (Berlin's No 1 digital detective agency is …) (8)

1 Gapped Summary (paragraphs A–F) (7)

Fill the gaps in the summary with appropriate words or expressions (one word per line) from the corresponding sections of the text. Do not make any changes. Please provide the number of the line in which you have found the word/expression.

In August 2021, the project Investigative Commons opened an interdisciplinary space in Berlin where the European Center for Constitutional and Human Rights, Forensic Architecture and other human rights organizations come together and work in different constellations on concrete case issues. This place is a ____________________ (l. ___) for human rights campaigners: depending on the project, journalists, activists, artists, lawyers, architects, or other experts are now sharing their knowledge under one roof.
So far, NGOs such as Forensic Architecture or Bellingcat have already been successful. Their activism has not only led to the exposure of the ____________ (l. ___) who tried to murder dissidents but also to the ______________ (l. ___) of extreme right-wing politicians.
According to an American documentary filmmaker, all organisations involved are dedicated to ______________ ______________ (l. ___) *(2 words)*, using the latest investigative techniques. The interdisciplinary community has chosen to ______________________ (l. ___) their means, which range from various data journalism research methods and animation techniques to innovative ideas from architecture. Their merit lies in the fact that in our ________________ (l. ___) age, they want to find out what really happened.
In the past, their cases were only perceived by a small and well-educated audience. Now they want to use their advanced approach to bring these cases to the ________________ (l. ___).

2 Short Answer Question (paragraph G) (1)

Answer the following question. You may use words from the text.

Which metaphor is used in paragraph G to describe that the cooperation between various human rights organisations is based on division of labour?

____

____

____

WRITING

Text 1 Sprache als Spiegel der Kulturen

uni:view: *Sprachwissenschaft zu studieren bedeutet mehr als das Erlernen einer Sprache. Was gehört dazu?*

Melanie Malzahn*: Sprache ist ein interessantes kognitives Phänomen und sie ist eines der wichtigsten menschlichen Ausdrucksmittel. Die Sprachfähigkeit unterscheidet uns Menschen von unseren nächsten Verwandten, den Affen. Sprache ist ein Kommunikationsinstrument zwischen Menschen und damit Ausdruck und Träger von Kultur. [...]
Babys sind in der Lage, eine oder mehrere Sprachen mit muttersprachlicher Kompetenz zu erlernen. Das heißt, ihre kognitiven Fähigkeiten sind so flexibel, dass jede Art von Lautsprache erlernt werden kann. Das ist ein Fenster, das sich spätestens in der Pubertät schließt. Ab dann können Menschen weiterhin Sprachen lernen, aber keine muttersprachliche Kompetenz mehr erwerben, das ist interessant.

uni:view: *Was bedeutet das?*

Malzahn: Einer der Gründe, warum wir sprechen, ist, weil wir uns damit in unserer Gruppe, Familie oder im Clan verständigen können. Andererseits gibt uns die Sprachevolution bis ins Erwachsenenalter Flexibilität, um uns einer neuen kommunikativen Gruppe anzuschließen. Aber als Erwachsene bleiben wir in einer neuen Gruppe erkennbar als Fremde, als Kind nicht.

uni:view: *Sagt das nicht etwas über die Verbindung von Sprache, Kultur und Identität aus? Selbst, wenn wir das nicht wollen, prägt Sprache unsere Identität.*

Malzahn: Genau. Sprache hat immer etwas mit Identität und Kultur zu tun, und wird von Kulturen in unterschiedlichem Ausmaß identitätsprägend eingesetzt oder unterdrückt. Das ist ein Teil, den die angewandte Sprachwissenschaft untersucht.

(223 Wörter)

Sarah Nägele, 30. 04.2020, https://medienportal.univie.ac.at/uniview/wissenschaft-gesellschaft/detailansicht/artikel/sprache-als-spiegel-der-kulturen/, 2. 9. 21 (gekürzt und adaptiert)

**Melanie Malzahn ist Dekanin der Philologisch-Kulturwissenschaftlichen Fakultät der Universität Wien*

Text 2 Mit der Sprache stirbt die Kultur

6 000 bis 7 000 Sprachen werden zurzeit auf der Erde gesprochen. Bis zum Ende dieses Jahrhunderts werden 90 Prozent dieser Sprachen vergessen sein, glaubt die Psycholinguistin Sabine Stoll vom Max-Planck-Institut für Evolutionäre Anthropologie in Leipzig. Dann werden immer mehr Menschen die gleichen Sprachen sprechen. Für die Völkerverständigung scheint das auf den ersten Blick ein Vorteil zu sein. „Das ist es aber nur, wenn man Kultur als vollkommen wertlos beachtet“, gibt die Wissenschaftlerin zu bedenken. „Denn eine Sprache ist mehr als ein Verständigungsmittel. Sie ist Tradition und eng mit dem Denken, den Bräuchen und der Kunst verbunden.“

Wer andere Völker verstehen will, muss in erster Linie seine eigenen Wurzeln kennen, glaubt Sabine Stoll – und das geht nur über Sprache. Ob sie eine Minderheitensprache einer global verstandenen vorzieht? „Das eine schließt das andere nicht aus. In den meisten Gegenden der Welt sind die Menschen bi- oder sogar trilingual. Wenn ich meine Volkssprache kenne und dazu die Nationalsprache beherrsche, habe ich die Möglichkeit, zu wählen und mein Leben zu gestalten.“ *(166 Wörter)*

https://www.focus.de/wissen/ mensch/mit-der-sprache-stirbt-die-kultur-linguistik_id_1801148.html, 2. 9. 21 (gekürzt und adaptiert)

Task IV: Mediation Deutsch – Englisch (12)

Für einen Vortrag zur Frage, warum es wichtig ist, sich mit Sprachwissenschaft zu beschäftigen, bereiten Sie eine Übersicht vor.
Verfassen Sie einen zusammenhängenden englischen Text (ca. 150 Wörter) unter Verwendung der beiden Textauszüge.

Gehen Sie dabei auf die folgenden Aspekte ein:
- Allgemeine Bedeutung der Sprache für den Menschen
- Sprachenvielfalt heute und morgen
- Vergleich des kindlichen Spracherwerbs mit dem im Erwachsenenalter
- Bedeutung von Mehrsprachigkeit

Task V: Material-Based Writing (24)

*Choose **one** of the following tasks (1 or 2) and write **at least 300 words**.*

1 In developing as well as in industrialized countries, women are still struggling for a fair position in society.

Comment on the **importance of gender equality** and **ways to achieve it.**

Write a **composition** of **at least 300 words**. Include information from **all** the material provided.

Material 1

In Deutschland ist die rechtliche Gleichstellung von Frauen und Männern erreicht. An der tatsächlichen, alltäglichen Gleichstellung arbeiten wir noch. Weltweit gibt es bei der Gleichstellung Fortschritte. Dennoch bestehen immer noch erhebliche Barrieren. Ziel der nachhaltigen Entwicklung ist es, das bis 2030 grundlegend zu verbessern.

Die Gleichberechtigung der Geschlechter ist ein universelles Menschenrecht. Trotzdem werden weltweit Millionen von Frauen beim Zugang zu Bildung, Gesundheitsversorgung und in ihrem alltäglichen Leben diskriminiert. Sie sind immer noch viel zu häufig Opfer von Menschenhandel sowie körperlicher oder sexueller Gewalt. Frauen sind öfter als Männer von Armut betroffen. Laut UN Women besitzt nur ein Prozent der Frauen Land. Der Anteil der Frauen in Niedriglohnsektoren ist deutlich höher als der der Männer.

Quelle: https://www.bundesregierung.de/breg-de/themen/nachhaltigkeitspolitik/gleichstellung-von-frauen-und-maennern-841120

Material 2

Material 3

Cartoon by Mikiel Galea, © Mediatoday

2 In recent years eating ethically has become a topical issue not only on social media.

Discuss how **ethical our food choices** really are.

Write a **composition** of **at least 300 words**. Include information from **all** the material provided.

Material 1

www.foodethicscouncil.org/learn/food-ethics/what-is-food-ethics/, 2. 9. 21 (adapted)

Material 2

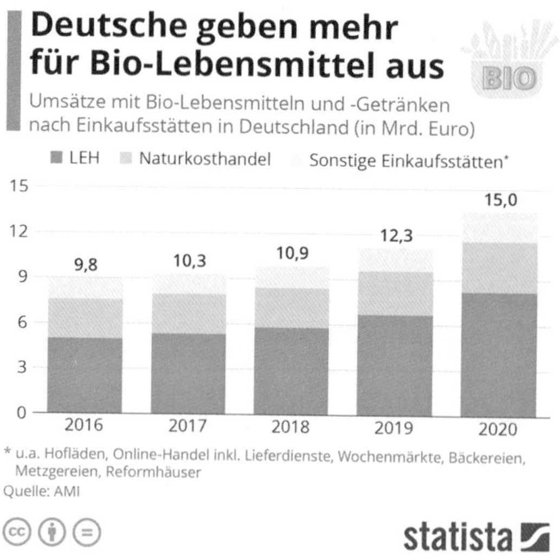

LEH = Lebensmitteleinzelhandel

Material 3 Mandelmilch ist nicht so ökologisch, wie viele denken

Die Mandelmilch hat ein gewaltiges Problem: Sie ist kein besonders umweltfreundliches Lebensmittel. Dabei ist der vegane Milchersatz so beliebt wie nie zuvor, gilt er doch als ideales Lebensmittel für Menschen, die sich gesund und klimabewusst ernähren wollen – und das betrifft nicht nur Veganer und Vegetarier. Im Vergleich zum Original von der Kuh verursacht die Herstellung weitaus weniger CO_2. Ein weiterer Vorteil des pflanzlichen Drinks liegt darin, dass er gluten- und lactosefrei ist.

Doch der gute Ruf bröckelt, und das liegt nicht etwa an der Mandel selbst, sondern allein am Menschen. Der baut Mandelbäume in großen Mengen an den falschen Stellen an, nämlich dort, wo es eigentlich zu trocken ist und wo die Bäume mit großem Aufwand bewässert werden müssen. Ein Problem, das nicht nur Mandeln, sondern den globalen Anbau von Obst, Gemüse und anderen Feldfrüchten betrifft.

Mandelmilch ist nicht so ökologisch, wie viele denken, Silvia Liebrich, SZ.de vom 02. 09. 2021

Lösungsvorschlag

READING

Task I: Mediation Englisch – Deutsch (Crooked Letter, Crooked Letter)

TIPP

- **Zu 1** Larrys Vater fährt an den beiden vorbei, ohne anzuhalten („passed without stopping“, Z. 14). Erst nach Larrys verwundertem Ausruf stoppt er, jedoch nicht ohne zu fluchen („Ah dern“, Z. 17).
- **Zu 2:** Vorher werden Silas und Alice nur als „the woman“ (Z. 19) und „the boy“ (Z: 23) bzw. als „these folks“ (Z. 24) bezeichnet.
- **Zu 3:** Nur wenige Zeilen vorher im Text wird erklärt, warum die Situation ungewöhnlich ist: „Larry [was] aware how unusual, inappropriate, it was for black people to be getting out of a white man's truck.“ (Z. 42/43)
- **Zu 4:** Es wird nicht explizit gesagt, dass Alice und Larrys Vater ein Verhältnis haben. Die beiden sind jedoch ungewöhnlich vertraut miteinander und Larrys Mutter fragt ihren Sohn sehr genau aus, nachdem sie erfahren hat, dass sein Vater Alice im Auto mitnimmt und dass sie höchstwahrscheinlich in seiner Hütte lebt. (Z. 49–65)
  Auch, über den Wohnort erhält man keine genaue Informationen. Larry schließt jedoch aufgrund des Ortes, an dem sie an der Straße warten, und aufgrund des Rauchgeruchs, darauf, dass sie in einer Hütte auf dem Land seines Vaters leben müssen: "They smelled like smoke, Silas and his mother, and Larry realized where they must live. His father owned over five hundred acres and on the south east end was an old log hunting cabin centered along with a few trees in a field." (Z. 28–30)
- **Zu 5:** Auch wenn es keine Absprachen zwischen ihm und seinem Vater gab, spürt Larry, dass er seiner Mutter zu viel verraten hat. (vgl. Z. 54) Schon vor dem Vorfall waren die Autofahrten sehr schweigsam. Jetzt sprechen Larry und sein Vater gar nicht mehr miteinander. (vgl. Z. 91–93)

1 Larry ist verwundert, dass sein Vater die beiden Frierenden/zu leicht Bekleideten am Straßenrand zu ignorieren scheint.

2 Der Vater spricht sie mit ihrem Namen „Alice“ an. (vgl. Z. 26)

3 Es war damals sehr ungewöhnlich (seltsam, befremdlich), dass Schwarze Menschen bei Weißen Menschen im Auto mitfahren.

4 – Alice hat ein Verhältnis mit Larrys Vater (d. h. sie „benutzt“ jemanden, der eigentlich jemand anderem, also Larrys Mutter, „gehört“).
– Alice und ihr Sohn bewohnen eine Holzhütte, die nicht ihnen, sondern Larrys Vater gehört.

5 Das Verhältnis der beiden war von Haus aus nicht gut (sie berühren sich kaum, der Vater schlägt seinen Sohn – vgl. Z. 21/22).
Der Vater nimmt Larry übel, dass dieser das Geheimnis des Vaters „verraten“ hat. (vgl. Z. 74/75) Ihr Verhältnis ist infolgedessen noch schlechter als zuvor.

Task II: Mixed Reading Tasks (20 Years on, the War on Terror Grinds Along)

1 **TIPP**

- **Zu 1.1:** Die Überschrift des Textes („to grind along“ = sich hinziehen, ewig so weitergehen) besagt, dass der Krieg gegen den Terror weitergeht („continuing“) und kein Ende in Sicht ist („still no end in sight“).
- **Zu 1.2:** Mit den im Text erwähnten Kampfdrohnen kann man Ziele überall auf der Welt angreifen („to strike anywhere in the world“), die jenseits des Horizonts („over the horizon“) außer Sichtweite sind.
- **Zu 1.3:** In Afghanistan und im Irak handelte es sich um fehlgeschlagene („Those failures“ Z. 25) Vorhaben, Demokratie einzuführen („to remake fractured, tribal societies into American-style democracies“ Z. 24/25). Sie standen unter keinem guten Stern („ill-fated project“ Z. 24). Dem Fehlschlag entspricht in Option D: „unsuccessful attempts“, die Demokratie spiegelt sich in den „pluralistic societies“.
- **Zu 1.4:** Option A im Text: „the ubiquity of the internet, which has made it easier to track and disrupt jihadi movements“ (Z. 45/46)
Option C im Text: „the upheavals of the Arab Spring, which shifted the sights of extremists to their own societies“ (Z. 46/47)
Option D im Text: „tighter border security“ (Z. 44/45)
- **Zu 1.5:** Option A im Text: “The abuses and excesses of war […] have cost the United States moral authority” (Z. 58–60)
Option B im Text: “[The US] occupying armies spawned a new generation of Quaeda franchises, while the black-clad fighters of the Islamic State swarmed into the vacuum left by departing American troops in Iraq.” (Z. 60–62)
Option D im Text: „the financial drain from a sprawling counterterrorism campaign has been vast“ (Z. 62/63)

1.1 According to the text, the war on terror has …

D [X] been continuing and there is still no end in sight.

1.2 President Biden uses the phrase "over the horizon" (l. 14) to emphasize that the …

A ☒ United States has the capability to strike anywhere in the world.

1.3 According to paragraph E, what illustrates the failure of the US intervention in Afghanistan and Iraq?

D ☒ unsuccessful attempts to establish more pluralistic societies

1.4 The "lack of a major foreign attack" (l. 44) can not be explained by …

B ☒ an unrecognized decrease in extremism.

1.5 Which of the following consequences of the war on terror is not mentioned in paragraphs I–J?

C ☒ voter disillusionment

2 Mediation Englisch – Deutsch

2.1 Seit 9/11 hat es in den USA nur noch einen islamistischen Terroranschlag gegeben. (vgl. Z. 37–42)

2.2 Es bedeutet, dass Präsident Biden die US-Außenpolitik neu ausrichten will, weg von Militäreinsätzen hin zu Herausforderungen wie dem Klimawandel oder der Großmächterivalität mit China.

Task III: Mixed Reading Tasks (Berlin's No 1 digital detective agency is …)

1 **TIPP**

Achten Sie auf folgende Angaben in der Aufgabenstellung: „One word per line", „From the corresponding sections of the text", „Do not make any changes."

- **superhub (Z. 8):** Bezugspunkte zwischen Gapped Summary (GS) und Originaltext (OT) sind: „human rights campaigners" (GS) vs. „organisations whose work has revolutionised the field of human rights activism" (OT Z. 8/9)
- **perpetrators (Z. 19):** die Bezugspunkte sind „led to the exposure of" (GS) vs. „revealed" (OT Z. 18), „who tried to murder dissidents" (GS) vs. „the poisonings of MI6 double agent Sergei Skripal and Russian opposition activist Alexei Navalny" (OT Z. 19/20)
- **sentencing (Z. 12):** die Bezugspunkte sind „extreme right-wing politicians" (GS) vs. „the neo-Nazi leaders of Greece's Golden Dawn party" (OT Z. 12/13), „but also [led] to" (GS) vs. „contributed to" (OT Z. 12)

- **primary evidence (Z. 25):** es gibt folgende Bezugspunkte: „all organisations involved are dedicated to" (GS) vs. „They all share [...] a commitment to" (OT Z. 25), „using the latest investigative techniques" (GS) vs. „each group works on the cutting edge of the mass-harvesting, modelling and examination of publicly available material" (OT Z. 25–27)
- **pool (Z. 36):** beachten Sie die Bezugspunkte: „The [...] community has chosen to" (GS) vs. „The decision to" (OT Z. 36), „their means (= Mittel und Methoden)" (GS) vs. „their investigative tools" (OT Z. 36)
- **post-truth (Z. 28):** Bezugspunkte zwischen Lückentext und Originaltext sind „age" (GS) vs. „era" (OT Z. 28) und „they want to find out what really happened" (GS) vs. „the painstaking task of corroborating the facts behind disputed events" (OT Z. 28/29)
- **courtroom (Z. 39):** Bezugspunkte: „small and well-educated audience" (GS) vs. „art and academia" (OT Z. 38; deutsche Übersetzung: „Kunst und Wissenschaft"), „bring these cases to" (GS) vs. „moving one step further [...] towards a world where their work will be ultimately judged" (OT Z. 38/39)

In August 2021, the project Investigative Commons opened an interdisciplinary space in Berlin where the European Center for Constitutional and Human Rights, Forensic Architecture and other human rights organizations come together and work in different constellations on concrete case issues. This place is a **superhub** (l. **8**) for human rights campaigners: depending on the project, journalists, activists, artists, lawyers, architects, or other experts are now sharing their knowledge under one roof.
So far, NGOs such as Forensic Architecture or Bellingcat have already been successful. Their activism has not only led to the exposure of the **perpetrators** (l. **19**) who tried to murder dissidents but also to the **sentencing** (l. **12**) of extreme right-wing politicians.
According to an American documentary filmmaker, all organisations involved are dedicated to **primary evidence** (l. **25**), using the latest investigative techniques. The interdisciplinary community has chosen to **pool** (l. **36**) their means, which range from various data journalism research methods and animation techniques to innovative ideas from architecture. Their merit lies in the fact that in our **post-truth** (l. **28**) age, they want to find out what really happened.
In the past, their cases were only perceived by a small and well-educated audience. Now they want to use their advanced approach to bring these cases to the **courtroom** (l. **39**).

2 „assembly line" (Z. 56)
Die investigativen Aktivisten betreiben eine Art Arbeitsteilung („division of labour"): Videoanalyse, Lokalisierung von Vorfällen, Untersuchung von Munitionsresten etc. (Z. 48–56). Die Zusammenarbeit funktioniert so reibungslos wie die Zusammenarbeit am Fließband („assembly line").

WRITING

Task IV: Mediation Deutsch – Englisch

TIPP

Die Aufgabenstellung gibt Ihnen bereits vor, auf welche Aspekte Sie sich in Ihrer Mediation konzentrieren müssen. Sie können sie als Gliederung für Ihre Lösung verwenden. In der Prüfung ist es hilfreich, mit mehreren Farben zu arbeiten. Sie können die vier verschiedenen geforderten Aspekte in der Aufgabenstellung und anschließend in den Texten jeweils mit einer Farbe markieren. Zum ersten und zum letzten Aspekt finden Sie in beiden Texten Informationen. Der zweite Aspekt wird in Text 2 behandelt. Der Vergleich des Spracherwerbs in Kindheit und Erwachsenenalter wird im Interview in Text 1 angestellt.

Language is one of the most important human means of communication and contributes to expressing cultural messages. In fact, it is even more than that. It reflects tradition and is closely connected with thinking, customs and the arts. *culture and tradition*

Currently, six to seven thousand languages are spoken on earth. By the end of this century ninety percent of those will have disappeared, and more and more people will be speaking the same languages. *development: present and future*

It is interesting to see that babies are able to learn one or more languages at a mother-tongue level. This window of opportunity closes during puberty at the latest. From then on humans are still able to learn languages, but they are no longer able to gain the skills of a native speaker. *learning languages as a child/grown-up*

In most parts of the world people interact bi- or even trilingually. When you know your local language and, additionally, have command of the national language, you can choose between languages and you can create your own way of life. *speaking multiple languages*

(165 words)

1 **TIPP**

Hinweis zur Aufgabenstellung:

Die Aufgabenstellung verlangt, dass man zu zwei Aspekten kommentierend Stellung nimmt, nämlich zur Bedeutung der Geschlechtergerechtigkeit und zu Maßnahmen zur Erreichung von Geschlechtergerechtigkeit. Es genügt nicht, Maßnahmen zu fordern oder aufzuzählen.

Mögliche Auswertung der Materialien:

M 1: Gender equality has not yet fully been achieved in Germany, and all the more not in the world (access to education and healthcare; victims of human trafficking, (sexual) violence, poverty, lower pay).

M 2: Rising percentage of fathers who receive parental leave. Mothers take a significantly longer period of parental leave than fathers.
Conclusion: Fathers need to catch up?

M 3: Men climb career ladder quite easily, working mothers still confronted with "glass ceiling".
Conclusion: Female quotas necessary for progress of women in job world?

Möglicher Aufbau:

(1) Kurze Hinführung zum Thema: Geschlechtergerechtigkeit in Deutschland
(2) Kommentierung der Bedeutung der Geschlechtergerechtigkeit:
- Universelles, unverzichtbares Menschenrecht
- Weltweit herrschende Ungerechtigkeit nicht hinnehmbar, ohne Geschlechtergerechtigkeit keine menschenwürdige Gesellschaft möglich

(3) Kommentierung von Maßnahmen zur Erreichung von Geschlechtergerechtigkeit:
- Zugang zu (höherer) Bildung ermöglichen
- Erfolge und Defizite beim Elterngeld
- Notwendigkeit von Frauenquoten
- Offene Baustelle: Gehaltsunterschied zw. Männern und Frauen

(4) Abrunden des Textes mit einem Resümee, einer persönlichen Einschätzung o. Ä.

Einleitung:

Material 1

While, in the eyes of the German Federal Government, gender equality has already been achieved legally, it is still a major issue in Germany with regard to everyday practice (M 1), which can be seen in the continuing underrepresentation of women in leading positions or in the fact that in Germany equal pay is still not the general rule.

A look at the worldwide situation tells us that gender equality is an even more pressing problem. Although it is a universal human right, women in fact still face discrimination and humiliating living conditions in many countries and societies (M 1). In Afghanistan and Iran they are denied equal access to education or personal independence, in the Sahel they have restricted access to healthcare. In many African and Latin American countries human trafficking is a real danger for women. Last but not least, women all around the world are far more likely to become victims of physical and sexual violence.

Bedeutung (bestehende Diskriminierung)

Material 1

These injustices are unacceptable. Gender equality is essential if we want people to live in peaceful, humane societies with equal opportunities. Ways to achieve more gender equality in Germany have seen different degrees of success.

Maßnahmen

In the field of education, Germany has made remarkable progress over the past century, with female university graduates meanwhile outnumbering their male counterparts. In recent decades, the German political business has seen more women in leading positions like ministers, MPs or mayors than ever before. This is at least partly due to women's quotas in some political parties, a promising measure which could be very helpful for working mothers to break through the so-called glass ceiling (M 3). Such quotas are being installed at executive and supervisory levels in corporations, but at a very slow rate.

Bildung und Quoten

Material 3

Parental leave pay aims to make it easier for young parents to take a break from work after childbirth and to inspire fathers to share parental leave. The results are positive and disappointing at the same time. While the percentage of fathers who receive parental leave pay has increased from 21 % (2015) to 25 % (2020), mothers still take parental leave for much longer periods – on average 14.5 months compared to 3.7 months for men (M 2).

Elternzeiten

Material 2

One of the toughest challenges which still need to be tackled in Germany is the gender pay gap. There are very complex patterns behind this issue, so there are no easy solutions. But as long as the pay gap continues to exist and as long as it is the women who must juggle family and career and carry the burden of unpaid care work, our country is still a long way from having achieved true gender equality.

(446 words)

Schluss: Fazit

2 **TIPP**

Die Aufgabenstellung („Discuss …“) verlangt eine Auseinandersetzung mit Pro und Contra.

Mögliche Auswertung der Materialien:

M 1: Food ethics is about choices concerning animal welfare, healthy eating, saving the planet and fair trade.

M 2: 2016 to 2020: Organic food sales in Germany on the rise

M 3: Some foods which are considered environmentally friendly, like almond drinks, are in fact not.

Möglicher Aufbau:

(1) Kurze Hinführung zum Thema
(2) Ethisch vertretbare Entscheidungen:
  – Bio-Lebensmittel schonen die Natur
  – Tierhaltung muss ethischen Standards entsprechen
(3) Ethisch problematische Entscheidungen:
  – Milchersatzprodukte können negative Umwelteffekte haben
  – Gesunde Ernährung kann zu nicht-saisonalen Einkäufen führen
(4) Abrunden des Textes mit einem Fazit, Ausblick o. Ä.

Einleitung: Hinführung zum Thema

Making ethical food choices has become a major issue in Germany. An increasing number of consumers is concerned about making ethical food choices in order to promote animal welfare, to save the planet or to guarantee overseas producers fair pay and good working conditions (M 1). In recent years Germany has seen a significant rise in the sales of organic foods and drinks at all points of sale (M 2). Figures increased by about 50 % from 9.8 bn euros (2016) to 15 bn (2020). But how sure can we be that our food choices really meet ethical standards?

Material 1
Material 2

Hauptteil: Bio-Lebensmittel

On the one hand, it seems rather obvious that buying organic food makes a substantial contribution to saving the planet. The cultivation of organic food doesn't allow the use of artificial fertilizers, herbicides and pesticides – all of these are commonly used in conventional farming and harm the environment. Artificial fertilizers cause the release of nitrogen oxide, a major greenhouse gas. Pesticides do not only kill pests which damage the crops, but also have a negative effect on bees and other beneficial insects. Herbicides pollute water resources like creeks and lakes.

Tierhaltung

Vegetarians and buyers of meat from organic animal husbandry definitely make a difference from an ethical point of view. Factory farming means that cattle, pigs or chickens are kept in a way that is completely unnatural. An animal welfare approach means that animals, for example, get the necessary space and outdoor access and do not receive preventive medication with antibiotics.

On the other hand, not all foods which have the reputation of being ethically responsible actually have beneficial effects. Almond drinks, for instance, are considered climate-friendly because they are plant-based and substitute cow's milk. Cow's milk comes with the drawback of methane emissions, another major greenhouse gas which arises from the digestion process of cows. But almond trees are often grown in huge plantations in areas which are overly dry, so the trees need a lot of watering (M 3).

negative Umwelteffekte von Ersatzprodukten

Material 3

Another negative aspect in the context of ethical food choices concerns eating healthily. Many health-conscious people include vegetables and fruits into their diet throughout the year. Yet, people often are not aware of the fact that when they buy apples, lettuce or cucumbers in January, they buy them "out of season", which unfortunately is an ethically doubtful food choice.

gesunde vs. umweltfreundliche Ernährung

All aspects considered, our food choices have an impact on the environment and our climate which must not be neglected. People need serious and substantial factual information and our society needs debates on food choices which are free of ideological belief – I am sure this will enable us to make both practical and responsible food choices. *(445 words)*

Schluss: Fazit

Um Ihnen die Prüfung 2023 schnellstmöglich zur Verfügung stellen zu können, bringen wir sie in digitaler Form heraus.

Sobald die Original-Prüfungsaufgaben 2023 freigegeben sind, können sie als PDF auf der Plattform **MyStark** heruntergeladen werden. Ihren persönlichen Zugangscode finden Sie auf der Umschlaginnenseite.

Aktuelle Prüfung

www.stark-verlag.de/mystark

PRÜFUNGS-ANGST

STOPP DIE PANIK

Mit der Fußsohlen-Methode

Prüfungen können Angst- und Fluchtsituationen sein. Dein Körper schüttet Adrenalin aus und dämpft das Gefühl in den Füßen. Z. B. beim Weglaufen ist es gut, wenn man die Füße nicht spürt. Eine Prüfung ist aber **keine Gefahrensituation**. Signalisiere deinem Körper, dass du nicht weglaufen musst, und bring das Gefühl in deine Füße zurück:

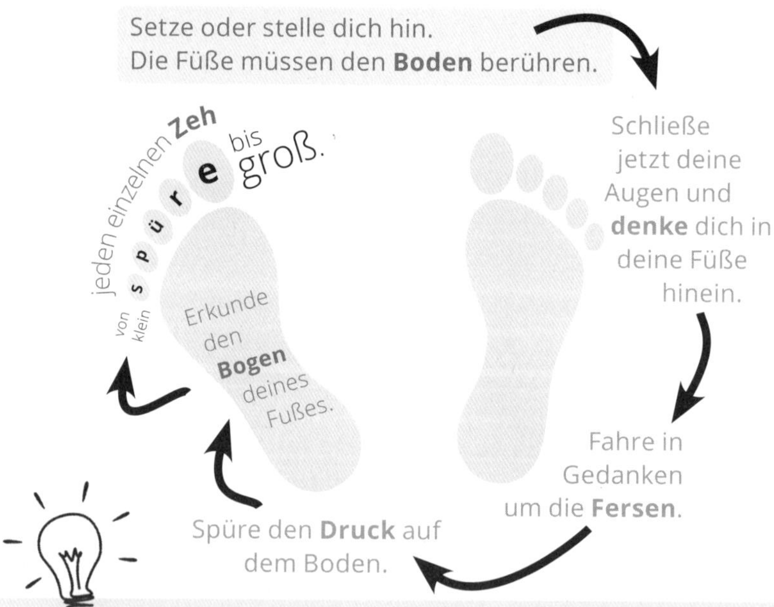

Dein Körper **fühlt** die Füße wieder und denkt, er sei in keiner Panik-Situation, sondern in **Sicherheit**.